D1750911

Wenn alles wie verhext ist

Rebekka Zinn

Wenn alles wie VERHEXT ist

Fremdenergien, Besetzungen und
magische Manipulationen erkennen
und sich davon befreien

Ansata

Die in diesem Buch vorgestellten Informationen und Empfehlungen sind nach bestem Wissen und Gewissen geprüft. Dennoch übernehmen die Autorin und der Verlag keinerlei Haftung für Schäden irgendwelcher Art, die sich direkt oder indirekt aus dem Gebrauch der hier beschriebenen Anwendungen ergeben. Bitte nehmen Sie im Zweifelsfall bzw. bei ernsthaften Beschwerden immer professionelle Diagnose und Therapie durch ärztliche oder naturheilkundliche Hilfe in Anspruch.

Sollte diese Publikation Links auf Webseiten Dritter enthalten, so übernehmen wir für deren Inhalte keine Haftung, da wir uns diese nicht zu eigen machen, sondern lediglich auf deren Stand zum Zeitpunkt der Erstveröffentlichung verweisen.

Verlagsgruppe Random House FSC® N001967

Erste Auflage 2018
Copyright © 2018 by Ansata Verlag, München,
in der Verlagsgruppe Random House GmbH,
Neumarkter Straße 28, 81673 München
Alle Rechte sind vorbehalten. Printed in Germany.
Umschlaggestaltung: Guter Punkt
unter Verwendung eines Motivs von zffoto / shutterstock
Satz: Satzwerk Huber, Germering
Druck und Bindung: Pustet, Regensburg
ISBN 978-3-7787-7536-3

www.Integral-Lotos-Ansata.de
www.facebook.com/Integral.Lotos.Ansata
www.rebekkazinn.com

gewidmet
»meiner« geliebten Hündin Fehde

»Der wahrhaft Weise, der die Natur des Universums kennt, gebraucht das Höhere gegen das Niedere. Meisterschaft zeigt sich nicht in abnormalen Visionen oder fantastischen Bildern und Lebensweisen, sondern darin, dass man den Qualen der niederen Ebenen durch höhere Schwingung entgeht.«

frei nach: Das Kybalion

Inhalt

1. Vorwort 11
2. Kurzer Abriss meiner Geschichte 15
3. Schwarze Magie 18
   Die Wirkung schwarzmagischer
   Rituale 19
   Ungeheilte Punkte, Resonanz und
   Karma.......................... 23
   Gefühle nach schwarzmagischen
   Angriffen 25
4. Was ist Magie, und wie wirkt sie? 28
   Kurze Geschichte der Magie 29
   Magie heute 31
   Schwingung und Resonanz 33
   Energie folgt der Aufmerksamkeit 33
5. Verschiedene Formen von Fremdenergien 35
   Fremdenergien von außen 35
   Innere Fremdenergien 36
   Flüche und Verwünschungen 37

Erdgebundene Seelen 38
Besetzungen 41
Umgang mit besetzten Menschen 44
Nach einem Clearing 49
Psychiatrische Diagnosen bei
 Fremdenergien 51

6. Liebeszauber & Co. 56
Einen Menschen an sich binden 57
Bestehende Beziehungen blockieren 58
Liebeszauber 59
Trennungszauber 62
Seelenpartnerschaften 66

7. Symptome durch Fremdenergien 68
Symptome nach einem energetischen
 Angriff 70
Ängste bei Fremdenergien 72

8. Fremdenergien auflösen 75
Fernbehandlung 79
Die Umgebung einbeziehen 80
Verhalten nach dem Clearing 81
Warnungen 85
Esoterische Lebensberatung und
 Fremdenergien 87

9. Behandeln ohne Erlaubnis? 89
Weißmagische Rituale 90

10. Exkurs: Nach einer langen Pause 93
Meine Hündin Fehde 93
Aus meinem Tagebuch 95

11. Blockaden, Chakren und energetische Bänder 97
   Die Chakren 98
   Manipulation der Chakren 103
   Energetische Bänder und Schnüre 105

12. Die Aura 106
   Die Schichten der Aura 106
   Stabilisieren und Reinigen der Aura 109

13. Eigenschutz und professionelle Schutzmaßnahmen 111
   Techniken und Grenzen des Eigenschutzes 111
   Professioneller Schutz von außen 112
   Zusammenarbeit mit mehreren Heilern 115
   Das eigene Umfeld schützen 116
   Schutz bei Alkohol- und Drogenkonsum 118

14. Maßnahmen zur Selbsthilfe 118
   Räuchern 119
   Räucherung zur Reinigung 121
   Räucherwaren 122
   Homöopathie und Heilkräuter 125
   Beten 126
   Reinigende Gebete 127
   Vergeben 131

15. Persönliche Weiterentwicklung 134
   Vertrauen und Akzeptanz 135

16. Zusammenarbeit mit der geistigen Lichtwelt 136
    Engel 137
    Freier Wille und göttlicher Plan 142
    Lichtarbeiter 143

17. Meine eigenen Erlebnisse 144
    Der erste Kontakt mit Geistheilung 146
    Missverständnisse und Streit 149
    Defekte Autos 150
    Gesundheitliche und psychische Auswirkungen der Angriffe 152
    Auswirkungen auf Haustiere 156
    Schutz und Hilfe 157
    Hinwendung zum Licht 159
    Meine Berufung 161

18. Visualisierungen und Meditationen 164
    Erdungsübung 167
    Lichtball visualisieren 168
    Goldener-Strahl-Dusche 169
    Berg aus Licht 170
    Schutzei und Schutzpyramide 170
    Visualisierung zum Lösen energetischer Bänder 171
    Chakra-Meditationen 173

Glossar 183

1. Vorwort

Gehen seltsame Dinge in Ihrem Leben oder Ihrer Beziehung vor? Haben Sie das Gefühl, dass etwas nicht mit rechten Dingen zugeht? Dass alles wie verhext ist? Häufen sich in Ihrer Beziehung Streitigkeiten und Missverständnisse scheinbar ohne jeden Grund? In Verbindung mit Misstrauen? Vielleicht werden Sie auch von katastrophalen Gefühlszuständen oder Ängsten erfasst, die schier unkontrollierbar sind und sich anfühlen, als ob sie gar nicht zu Ihnen gehören? Oder Sie durchleben eine regelrechte Pechsträhne, und alles, aber auch wirklich alles, das schiefgehen kann, geht schief? Egal ob beruflich, finanziell oder persönlich – ein Misserfolg jagt den anderen? Vielleicht haben Sie auch gesundheitliche Probleme, für die keine Ursachen gefunden werden und die gegen jede Therapie resistent sind? Spätestens dann sollten Sie in Erwägung ziehen, dass schwarzmagisch gegen Sie vorgegangen wird. Vor allem, wenn es Menschen gibt, die Ihnen schaden möchten, etwa aus Eifersucht, Neid, Konkurrenzdenken oder sogar Hass.

Schwarze Magie? Ein Fluch? Das mag sich anhören wie aus einer anderen Epoche. Vielleicht denken Sie, so etwas gibt es doch heutzutage gar nicht mehr. Oder dass solche Geschichten reine Fantasie sind. Nein, ich kann Ihnen versichern, dass schwarzmagische Praktiken auch in der heutigen Zeit weit verbreitet sind.

Dies ist die Niederschrift meines Wissens und meiner Erkenntnisse als Betroffene von Fremdenergien, insbesondere von schwarzer Magie. Ich habe mich entschlossen, dieses Buch zu schreiben, um Menschen, die in einer ähnlichen Lage sind wie ich viele Jahre meines Lebens, hilfreiche Informationen an die Hand zu geben. Ich vertraue darauf, dass genau die Menschen, denen es weiterhelfen kann, zu diesem Buch geführt werden. All jene, deren Leben durch Manipulationen wie schwarze Magie, *Voodoo* und dergleichen belastet wird.

(Anmerkung: Alle kursiv gesetzten Wörter werden im Glossar erläutert.)

Themen wie Fremdenergien und insbesondere die schwarze Magie sind zwar brandaktuell, werden aber dennoch kaum (an)erkannt. Viele haben Angst davor, nehmen sie nicht ernst oder unterschätzen ihre Bedeutung dramatisch. Oder es kursieren falsche und wertlose Ratschläge oder Behandlungs- bzw. Auflösungsmethoden, die wiederum große Gefahren bergen.

Dieses Buch soll Betroffenen die Augen öffnen, Hoffnung und Mut machen sowie Wege und Möglichkeiten aufzeigen, um mit solchen Dingen umzugehen und kompetente Hilfe zu finden. Denn es gibt Menschen, die die Fähigkeiten haben, schwarze Magie und Fremdenergien zu erkennen und aufzulösen. Und dies oft innerhalb von kurzer Zeit.

Ich habe das Buch auch für all jene geschrieben, denen nicht geglaubt oder vorgehalten wird, schwarze Magie gäbe es nicht und sei nur Einbildung oder Humbug. Oder ihnen wird erzählt, dass man sich schützen könne, wenn man nicht daran glaube und sich nicht damit beschäftige.

Das ist alles völliger Quatsch! Natürlich sollte man sich in dieser Situation nicht permanent voller Angst auf die Attacken von Fremdenergien konzentrieren. Es bringt jedoch überhaupt nichts und ist zudem sehr gefährlich, sie zu ignorieren oder gar zu negieren.

Neben verschiedenen Formen von Fremdenergien befasst sich das Buch hauptsächlich mit schwarzer Magie. Ein Schwerpunktthema darin ist die Partner- und Bindungsmagie in Form von Liebes- und Trennungszauber. Daneben gibt es Exkurse in die Energiekörperlehre sowie Ratschläge zur Selbsthilfe.

In Bezug auf das Thema Schutz kann ich eine realistische Einschätzung sowie Möglichkeiten der Hilfe anbieten. Ich habe einige Jahre gebraucht, um bei den richtigen Leuten Hilfe zu finden. Um anderen Betroffenen diese Umwege zu ersparen, möchte ich ihnen mein Wissen zugänglich machen. Das Buch kann zudem ein Leitfaden sein, gefährliche Situationen besser zu erkennen und sich genauer damit zu befassen. Ein Netzwerk, welches Betroffenen helfen soll, befindet sich ebenfalls im Aufbau.

Das Buch ist keine wissenschaftliche oder, wie manche vielleicht sagen würden, pseudowissenschaftliche Abhandlung über Magie und deren Geschichte, sondern ein auf persönlichen Erfahrungen gestützter Ratgeber zur Aufklärung und Hilfe, der auch Warnungen mit einschließt.

Sollten Sie Rat und Hilfe brauchen, können Sie mich gerne unter meiner E-Mail-Adresse

mail@rebekkazinn.com

kontaktieren: Ich werde Ihnen entweder selbst helfen oder Sie an einen kompetenten Kollegen weitervermitteln.

2. Kurzer Abriss meiner Geschichte

Seit mittlerweile fast zehn Jahren werde ich schwarzmagisch attackiert. Dadurch sind sowohl in meinem als auch im Leben mir nahestehender Menschen schwere Schäden entstanden. Die Gründe hierfür waren und sind vor allem Eifersucht, Neid und daraus resultierender Hass. Die Absicht dahinter: meinen Partner und mich auseinanderzubringen und unserer Liebe und Existenz in emotionaler, gesundheitlicher, beruflicher und finanzieller Hinsicht zu schaden.

Etwa eineinhalb Jahre nachdem ich mit meinem neuen Partner zusammengekommen war, zog ich das erste Mal in Erwägung, dass von anderen irgendetwas »gemacht« wird, das uns schaden sollte. Denn immer wieder hatte ich das Gefühl, dass es in unserem Leben nicht mit rechten Dingen zuging. Zu viel, um nicht zu sagen alles, lief auf oft unerklärliche Art und Weise schief.

Bis dahin hatte ich mich nie mit Themen wie schwarzer Magie beschäftigt und hatte keinerlei Ahnung, was auf diesem Gebiet alles möglich ist.

Ich war zeitweise völlig aus der Bahn geworfen, war von schweren Krankheiten, schrecklichen Gefühlszuständen und Ängsten, Schicksalsschlägen sowie finanziellem Ruin betroffen und bin mehrmals gerade noch mit dem Leben davongekommen. Mein *Lebensplan* und meine Wünsche konnten sich nicht manifestieren, und meine Familie wurde ebenfalls schwer in Mitleidenschaft gezogen. Im Kapitel »Meine eigenen Erlebnisse« berichte ich über einige meiner Erfahrungen, damit der eine oder andere Leser eventuelle Parallelen zu seinem Leben erkennen kann.

Auch in den Phasen, als mein Partner und ich durch die Manipulationen und ihre Auswirkungen kaum noch Kontakt miteinander hatten, hörten die Angriffe nicht auf. Es ist für Außenstehende schwer vorstellbar, was mein Lebenspartner, meine Kinder und ich mitgemacht haben. Mehrmals wurden mir in letzter Minute Personen gesandt, die mich vor tödlichen Angriffen schützten oder sofort befreiten.

Im Laufe dieser Jahre, in denen ich schwere Schicksalsschläge zu verkraften hatte, erforschte ich nach und nach die Hintergründe dafür. Ich habe nicht aufgegeben und mich nicht mit den Attacken abgefunden, sondern mich persönlich weiterentwickelt. Ich habe negative Energien erst von anderen auflösen lassen und später selbst aufgelöst und wurde an wichtige Informationen, hilfreiche Menschen und später an meine Berufung, das *Clearing*, herangeführt.

Es war ein harter Weg, denn selbst als ich mit dem Schreiben dieses Buchs begonnen hatte, attackierte mich und meine Umgebung die »Gegenseite« (diese Bezeichnung trifft es nicht ganz, denn ich habe mich ja auf keinen Kampf eingelassen), also die dunkle Seite, dermaßen, dass ein Weiterschreiben nicht mehr möglich war. Es gab so viele Widrigkeiten in meinem Leben, dass ich keine Zeit, Konzentration oder Energie mehr fand, um weiterzuarbeiten. Wieder und wieder wurde ich ausgebremst, denn Erfolg sollte in jeder Hinsicht verhindert werden, auch in Bezug auf meine heilerische Tätigkeit als *Clearing-Medium*. Auch meine Tochter, die ausgeprägte heilerische Fähigkeiten besitzt, wurde immer wieder attackiert.

Möglicherweise sollte und soll auch verhindert werden, dass dieses Buch entsteht. Die »dunkle Welt« ist generell daran interessiert, heilerisch engagierte Menschen zu behindern, weshalb es häufig vorkommt, dass Heiler und Lichtarbeiter mit Erfahrungen durch Fremdenergien konfrontiert werden.

Letztendlich habe ich aber aus jeder erneuten Angriffsperiode etwas lernen können, auch wenn es anstrengend war. Ebenso wuchs durch die Erfahrungen mein fachliches Wissen, zum Beispiel die Erkenntnis, weshalb in einem bestimmten Fall der Schutz versagte.

Der Schutz war jahrelang mein am stärksten vernachlässigtes Gebiet. Hätte ich mich früher um guten Schutz gekümmert bzw. mich mit effektivem Schutz besser ausgekannt, hätte ich mir wohl einiges ersparen können. Die Sache mit dem Schutz ist sowieso ein schwieriges Thema, und lange war ich in dieser Hinsicht zu unerfahren. Zeitweise verließ ich mich auf die Hilfe von Heilern, die Schutz vor schwarzer Magie zu naiv gegenüberstanden und die ich für ihre ineffektive Arbeit auch noch bezahlte. Aber bestimmte Erkenntnisse lassen sich eben oft nur durch eigene entsprechende Erfahrungen erlangen.

3. Schwarze Magie

Werden mit Hilfe von Ritualen und der Anrufung dunkler Kräfte Personen absichtlich geschädigt oder Dinge zerstört, spricht man von schwarzer Magie. Schwarzmagische Energien sind geballte negative Gedanken- und Gefühlskräfte, die bewusst auf eine (oder mehrere) Person(en) gerichtet werden. Meist sind Neid, Hass, Eifersucht, Konkurrenzdenken oder Rache die Beweggründe dafür, schwarze Magie zu praktizieren oder in Auftrag zu geben. Einer bestimmten Person soll Leid auf jede erdenkliche Art und Weise zugefügt werden. Oder der Magier bzw. der Auftraggeber der Magie will sich persönliche, finanzielle, berufliche oder andere Vorteile verschaffen bzw. Macht über einen anderen Menschen ausüben.

Die Betroffenen werden zusätzlich zu den Kräften, die durch die schwarze Magie auf sie einwirken, von allen positiven Einflüssen, wie förderlichen Kontakten, getrennt und ziehen weitere negative Energien an. Bei spirituellen Menschen werden Anbindung und Zugang zu höheren Ebenen unterbrochen. Der freie Wille wird eingeschränkt, und es kann zu Anhaftungen und Besetzungen durch Dämonen, *Astralwesen* und andere dunkle Energien kommen.

Die Wirkung
schwarzmagischer Rituale

Um die Wirkung von schwarzmagischen Ritualen zu verstärken, werden dämonische Wesen angerufen. Diese Wesen sind intelligent, bösartig, manipulativ und können ihren Wirt stark beeinflussen und kontrollieren. Manchmal rufen sie sogar schwere psychiatrische Symptome hervor.

Astralwesen entziehen ihrem Wirt Lebensenergie. Diese Wesenheiten werden durch negative Gefühle wie Hass, Eifersucht, Neid oder Rachsucht angezogen und verstärken diese wiederum. Sie können starke Stimmungsschwankungen und gesteigerte Aggressivität hervorrufen. Der Fantasie sind keine Grenzen gesetzt, was mit vor allem professioneller schwarzer Magie alles beeinflusst und welcher Schaden damit angerichtet werden kann.

Zum Beispiel werden Termine, Zusammenkünfte, Geschäftsbeziehungen oder -abschlüsse blockiert und verhindert. E-Mails kommen ohne erkennbaren Grund nicht an, Handys spielen verrückt, oder Dokumente verschwinden plötzlich. Es passieren unerklärliche Unfälle und Stürze (wie von Geisterhand gestoßen), oder völlig intakte Autos gehen ausgerechnet auf der Fahrt zu den wichtigsten Terminen scheinbar ohne jeden Grund kaputt oder fangen gar an zu brennen (mehrmals selbst erlebt). Im Umgang mit anderen kommt es zu Missverständnissen und Streit, und vor allem positive und hilfreiche Personen ziehen sich zurück. Oder man wird ständig mit Hindernissen konfrontiert, die einen davon abhalten, sich aufs Wesentliche zu konzentrieren – egal in welcher Hinsicht, ob nun beruflich, privat oder spirituell. Das reicht vom ständig defekten Auto über die permanente Versorgung von Familienmitgliedern oder anderen Menschen, die plötzlich erkranken oder Unfälle haben, über Dauerbaustellen am Haus bis hin zum Befall von Ungeziefer (eine typische schwarzmagische Attacke). Hauptsache, man ist immerzu beschäftigt und kann sich nicht um die persönlich wichtigen Angelegenheiten kümmern. Die Liste kann endlos fortgesetzt werden. Im finanziellen, geschäftlichen, privaten oder familiären Bereich reiht sich ein Verlust an den anderen.

Wenn die schwarzmagischen Beeinflussungen über einen längeren Zeitraum wirken, entstehen oft so große existenzielle, finanzielle sowie psychische und gesundheitliche Probleme, dass kein glückliches Leben mehr stattfinden kann. Und zu allem Überfluss greift dann auch noch das Prinzip des energetischen Resonanzgesetzes, das besagt, dass Gleiches immer Gleiches anzieht. Das heißt, wo sowieso schon viel Unglück ist, kommt noch mehr hinzu. Auch wenn die Betroffenen so gut geschützt sind, dass sie körperlich bzw. ihr *energetisches System* nicht mehr angegriffen werden können, kann ihr Vorankommen im Leben trotzdem massiv beeinträchtigt sein, indem zum Beispiel der Beruf oder die Finanzen mit schwarzmagischen Blockaden belegt werden. Auch die durch Rituale herbeigeholten dunklen Wesen und Dämonen können Probleme jeder Art verursachen. Durch die erschwerten äußeren Umstände können die Ziele der schwarzen Magie somit auch bei geschützten Menschen erreicht werden.

Auch können völlig unbeteiligte nahestehende Personen wie Kinder, Eltern, Geschwister oder nahe Freunde über die *energetischen Verbindungen* von den Angriffen betroffen sein, ebenso Haustiere. Bei starken schwarzmagischen Attacken können auch völlig neutrale Personen, die sich am selben Ort befinden, in Mitleidenschaft gezogen werden.

Dies ist vor allem dann der Fall, wenn der Angegriffene einen guten Schutz hat. Die Angriffe prallen gewissermaßen von ihm ab, und die dunkle Energie sucht sich ein anderes Opfer. Deshalb ist es so wichtig, darauf zu achten, dass auch die Umgebung geschützt ist oder gegebenenfalls *gecleart* wird.

Manchmal wird die Magie aber auch bewusst auf die Familie oder auf einzelne Familienmitglieder gerichtet. Damit soll entweder der Zielperson weiteres Leid zugefügt werden, oder der Hass bezieht sich bereits auf die ganze Familie. Häufig legen Schwarzmagier auch Flüche, die sich auch nach ihrer Auflösung ständig wieder erneuern, oder setzen schwarzmagische Depots. Auf diese Weise kann zum Beispiel festgelegt werden, dass jede Nacht um dieselbe Uhrzeit Angriffe gestartet werden, ohne dass der Magier dafür tätig werden muss.

Auch werden häufig Gegenstände mit schwarzmagischen Energien versehen, etwa Schmuckstücke, die den Zielpersonen der schwarzen Magie geschenkt werden. Hier wirkt sich besonders »günstig« aus, dass die Gegenstände am Körper getragen werden. Ebenso können Häuser, Wohnungen, Autos und jegliche andere Gegenstände bewusst mit schwarzmagischen Energien belegt werden.

Ich möchte Ihnen natürlich keine Angst machen. Das ist nicht meine Absicht und wäre absolut kontraproduktiv.

Denn Angst ist unter anderem genau das, was hervorgerufen werden soll, damit die dunklen Kräfte richtig wirken können.

Nein, ich möchte nur Ihr Bewusstsein dafür schärfen, was alles möglich ist, sowie Aufklärung leisten, falls Sie zu meinem Buch geführt wurden, etwa weil Sie selbst betroffen sind.

Auch möchte ich Sie mit Ihren eventuellen Vermutungen, dass schwarzmagisch gegen Sie gearbeitet wird, ernst nehmen, da die Thematik in der Öffentlichkeit weitgehend tabuisiert wird. Ja, man muss sogar vorsichtig sein, wem man was erzählt, um nicht für verrückt oder durchgeknallt gehalten zu werden. Hier sei nur nebenbei erwähnt, dass die Symptome bei einer Besetzung durchaus denen einer Psychose ähneln.

Sicherlich hat nicht jedes kleine Pech, Missgeschick oder Unwohlsein immer gleich etwas mit schwarzer Magie oder dunklen Kräften zu tun. Aber wenn auffallend häufig seltsame oder sogar unerklärliche Dinge passieren, über einen längeren Zeitraum eine Pechsträhne besteht, sich plötzlich oder ständig schier unbegreifliche Widrigkeiten ereignen und Wichtiges verhindert wird, dann sollte man dieser Möglichkeit Raum geben. Vor allem, wenn es in Ihrem Leben Menschen gibt, die Ihnen schaden wollen, aus welchem Grund auch immer.

Falls Sie den Verdacht hegen, dass schwarze Magie gegen Sie gerichtet ist, rate ich Ihnen, nicht zu lange zu warten, sondern eine Analyse erstellen zu lassen. Hierzu dürfen Sie mich gerne kontaktieren. Schwarzmagische Belegungen lösen sich nicht von allein wieder auf, sondern müssen professionell gelöst werden. Je eher, desto besser! In manchen Fällen werden die Attacken leider regelmäßig wiederholt. Dann braucht man einen langen Atem. Doch es gibt Hilfe.

Ungeheilte Punkte, Resonanz und Karma

Häufig begegnet man der (umstrittenen) Meinung, dass schwarze Magie und Blockaden nur erfolgreich sein können, wenn bei der betroffenen Person eine gewisse Resonanz vorhanden ist: Etwas in ihrer Seele ist noch nicht geheilt, weshalb sie dafür anfällig ist. Im Gegensatz dazu vertreten einige sehr kompetente und von mir hochgeschätzte Fachleute die Ansicht, dass schwarze Magie völlig unabhängig von Resonanzen oder Anfälligkeiten bei jedem greifen kann.

Da ich selbst lange Zeit nicht genau wusste, welche der beiden Varianten ich als richtig erachte, habe mich mit diesem Punkt intensiv auseinandergesetzt und kam zu dem Schluss, dass in gewisser Weise beides stimmt. Magie erreicht grundsätzlich jeden, jedoch ist die Stärke der Schäden, die sie anrichtet, von der Schwingungsfrequenz des Angegriffenen abhängig. Wenn man selbst sehr hoch schwingt, können schwarze Magie und generell Fremdenergien kaum oder auch überhaupt nicht mehr greifen. Man ist sozusagen durch sein eigenes »Licht« geschützt. Da mit einer sehr hohen Schwingung ein erhöhtes Bewusstsein einhergeht, kann man jedoch davon ausgehen, dass bei diesen Personen die *ungeheilten Punkte* etc. schon weitgehend gelöst wurden und sie stabil und widerstandsfähig sind. Sollten bei ihnen Angriffe dennoch hin und wieder fruchten, werden sie schneller erkannt, und es können zeitnah Gegenmaßnahmen ergriffen oder veranlasst werden.

Durch die Konfrontation mit dunklen Kräften wird man gnadenlos mit den eigenen ungeheilten Punkten und Schwächen konfrontiert und hat dadurch die Möglichkeit, sich dieser Themen bewusst zu werden und daran zu arbeiten. Ob dieser Prozess aber wirklich auf so grausame Art ausgelöst werden muss? Ich bezweifle es, aber wenn es so ist und man das Geschehen schließlich überwindet, dann kann der eigene Weg sehr weit führen. Dessen bin ich mir auch sicher. Dazu passen zwei Zitate: Das Lateinische »Per aspera ad astra« bedeutet übersetzt so viel wie »Durch das Raue zu den Sternen«. Und: »Je schwerer der Weg, desto weiter führt er.« Ich würde noch hinzufügen: »wenn man die Herausforderungen annimmt«.

Doch die Verwirrung und das Unwissen über das, was mit ihnen geschieht, macht es den betroffenen Personen oftmals schwer, diese noch ungeheilten Punkte bewusst wahrzunehmen bzw. an ihnen zu arbeiten. Auch deshalb ist es so wichtig, die schwarze Magie hinter all den zerstörerischen Ereignissen zu erkennen. Wenn Sie es schaffen, die schwarzmagischen Belastungen zu überwinden, können Sie gestärkt und mit erweitertem Bewusstsein daraus hervorgehen. Doch zuerst bedarf es der Hilfe, Führung und Anleitung.

Es gibt auch die Theorie, dass Probleme mit schwarzmagischen Angriffen aus dem Karma resultieren, das durch eigene schwarzmagische Praktiken in (einem) früheren Leben entstanden ist. Ich möchte nicht ausschließen, dass dies (neben anderen) ein Grund dafür sein kann, wenn man schwarzmagisch attackiert wird. Das kosmische Gesetz des Ausgleichs besagt jedenfalls, dass man irgendwann – das kann auch in einem späteren Leben sein – die Rechnung oder den Lohn für sein Tun erhält. Durch gutes oder schlechtes Handeln wird eben gutes oder schlechtes Karma erzeugt.

Deshalb sind sicherlich auch die Konsequenzen für die Auftraggeber oder Praktizierenden von schwarzer Magie beträchtlich, denn das, was sie anderen Böses antun, wird zu ihnen zurückkehren.

Gefühle nach schwarzmagischen Angriffen

Es ist wichtig, nach Angriffen aus der Opferhaltung herauszutreten und die Vergangenheit loszulassen, aber es kann auch wichtig sein, sich seiner Gefühle bewusst zu werden und diese anzunehmen, wenn man noch nicht loslassen kann: die Traurigkeit, das Gefühl der Ohnmacht, das Sich-allein-gelassen-Fühlen und Sich-unverstanden-Fühlen.

Sie entstehen, wenn man erkannt und begriffen hat, warum die Dinge im Leben so schiefliefen. Wenn man weiß, dass schwarze Magie gegen einen praktiziert wurde oder wird, und man womöglich sogar weiß, wer das veranlasst hat. Wenn man erkennt, warum Schäden im eigenen und im Leben von nahestehenden Menschen eingetreten sind und Glück und Erfolg verhindert wurden.

Die Gewissheit, dass andere einem selbst auf diese Weise unsagbaren Schaden zugefügt und viel zerstört haben, kann einen Menschen blockieren, und es kann furchtbar schwer sein, das loszulassen. Vor allem, wenn die andere Seite nicht aufhört zu agieren, man immer wieder auflösen und auflösen lässt bzw. auflöst und man immer wieder von Neuem attackiert wird. Auch das Unverständnis oder die Ungläubigkeit im Umfeld, wenn man sich doch einmal öffnet und etwas erzählt, kann einen sehr traurig machen.

Man weiß genau, was abgelaufen ist, fühlt und erkennt die Zusammenhänge, hat Fachleute an seiner Seite, die alles bestätigen – und doch wird einem nicht geglaubt. Nein, man muss sogar vorsichtig sein, wem man was erzählt, um nicht womöglich noch als durchgeknallt, psychotisch oder von Wahnvorstellungen geplagt angesehen zu werden. Man muss sich vielleicht auch noch anhören, dass man nur die Verantwortung für sein Leben nicht übernehmen will und einen Schuldigen sucht.

Besonders schwer ist die Situation, wenn durch frühere oder aktuelle Instabilität eines Betroffenen (durch die Belegungen und Fremdenergien) seine Glaubwürdigkeit gelitten hat. Neben der Traurigkeit und Verzweiflung über das, was geschehen ist, muss man sich auch noch mit der Verurteilung durch andere auseinandersetzen.

Ganz schlimm ist auch die Meinung, dass, wenn etwas sein soll, es so kommt. Und folglich, wenn etwas nicht geklappt hat oder nicht eingetreten ist, es dann eben nicht hat sollen sein. Nein, leider ist das nicht so! Denn durch schwarze Magie kann der vorherbestimmte Lebensplan verändert werden. Das Schicksal, die Vorbestimmung kann verzögert, verändert oder sogar verhindert werden.

Sicherlich drängt alles bestmöglich auf die Erfüllung des Lebensplans. Doch manchmal treten Schäden ein, die nicht mehr rückgängig zu machen sind oder die Verwirklichung des göttlichen Planes nicht mehr (vollständig) zulassen. Die Erkenntnis, dass manches unwiederbringlich verloren ist, kann einen fast in den Wahnsinn treiben. Es ist sehr schwer, dann loszulassen und das, was ist, zu akzeptieren.

4. Was ist Magie, und wie wirkt sie?

Dass es in unserem Universum positive und negative Kräfte gibt, die mit dem Verstand nicht zu erklären sind und die teilweise auch jenseits naturwissenschaftlicher Erkenntnisse liegen, ist seit Langem bekannt.

Es gibt Menschen, die das Talent oder die Gabe besitzen oder sich die Fähigkeiten angeeignet haben, mit diesen Energien umzugehen und damit auf energetischer Ebene zu wirken. Magisch zu wirken. Dies wird mithilfe von Ritualen, Symbolen und Anrufungen praktiziert. Seit jeher werden magische Rituale nach dem Mondzyklus ausgerichtet und in der Regel bei Vollmond oder bei Neumond durchgeführt.

Der Begriff Magie wird abgeleitet vom altgriechischen Wort Magoi, das »Weiser« bedeutet. Magie wird üblicherweise in weiße und schwarze Magie unterteilt. Die weiße Magie will immer etwas Gutes bezwecken. Sie will helfen, den Lebensplan erfolgreich voranzubringen, sie will Dinge zum Guten wenden, unterstützen, schützen, wachsen und gedeihen lassen. Die schwarze Magie hingegen will manipulieren, Macht ausüben oder erlangen, Ego-Wünsche befriedigen, Schaden zufügen, zerstören und im schlimmsten Fall auch töten. Dazwischen liegen jedoch unzählige Abstufungen mit teilweise fließenden Grenzen.

Eigentlich gibt es nur **die** Magie – das Handwerk oder die Kunst, mit Energie auf bestimmte Art und Weise etwas zu beeinflussen und zu verändern. Erst die Absicht des Magiers lässt diese Beeinflussung zu etwas Gutem oder etwas Bösem werden und somit zur »weißen« bzw. »schwarzen« Magie.

Manche Leute sagen, dass die Einteilung in weiße oder schwarze Magie erst durch die Bewertung der Art der Beeinflussung geschehe. Und Bewertungen sowie die Einteilung in Gut und Böse seien menschengemacht. Das mag wahr sein, ebenso wie die Tatsache, dass alles, egal ob gut oder böse, zum Universum gehört. Trotzdem können bestimmte »Energien« als ausschließlich gut oder rein betrachtet werden. Man denke beispielsweise nur an die Reinheit und Unschuld von Babys.

Bei der weißen Magie werden meist gute Geistwesen wie Engel oder *aufgestiegene Meister* angerufen, bei der schwarzen Magie böse Geister wie Dämonen oder dunkle *Astralwesen*.

Kurze Geschichte der Magie

Die frühesten schriftlichen Quellen der Magie reichen bis in die mesopotamischen und altägyptischen Hochkulturen zurück. In verschiedenen früheren Epochen waren Magier und die Magie sehr anerkannt, zeitweise hoch angesehen und respektiert, später oft auch gefürchtet. Anfangs verfolgte die Magie vielfach heilerische Zwecke und wurde hauptsächlich im Zusammenspiel mit der Natur ausgeführt.

Im antiken Griechenland wurden Magier als Vermittler zwischen Göttern und Menschen angesehen. Allerdings gab es auch damals schon Anklagen gegen Magier, denen vorgeworfen wurde, Tote zu beschwören und Menschen zu verhexen. Auch im antiken Rom gab es bereits Gesetze gegen schwarze Magie. Trotz der Verdammung der Magie und der Heilzauber im christlichen Europa des Mittelalters konnten sich Magier halten und waren sogar weit verbreitet. Im Mittelalter wurde auch erstmals zwischen einer göttlichen (*magica naturalis*) und einer teuflischen Magie (*magica daemoniaca*) unterschieden.

In der Frühen Neuzeit war die *magica naturalis* erlaubt, der Missbrauch der Magie in der dämonischen Variante jedoch verboten. Wurden in der Frühen Neuzeit (bis 1600) Heilmittel und Heilzauber von Magiern und weiße Hexen überall, auch vom einfachen Volk, in Anspruch genommen, so wurde die Magie im 17. Jahrhundert zurückgedrängt, weil sie im Gegensatz zur Naturwissenschaft als Zauberei abgetan wurde.

Ab dem 18. Jahrhundert wandten sich die Menschen wieder zunehmend mystischen Themen zu, und im 20. Jahrhundert verstärkte sich der Trend zu Magie und Esoterik. Durch die Hippie- und Alternativbewegung in den 1960er- und 1970er Jahren erhielten diese Themen erneuten Aufschwung und werden bis zum heutigen Tag immer mehr (wieder-) entdeckt. Der »magische Wille« – die Fokussierung des

Geistes und der Gefühle auf ein bestimmtes Ziel – gilt mittlerweile als zentraler Aspekt der Magie.

Magie heute

Es mag für manche unglaubwürdig erscheinen, weil es nicht in die moderne Zeit zu passen scheint, doch boomen in unserer heutigen Zeit magische Handlungen wieder regelrecht.

Weil viele Menschen in unserer denaturalisierten Welt von sich selbst, ihren Wurzeln und ursprünglichen Kräften entfernt sind, suchen sie durch Magie nach Höherem und Sinngebendem.

Es gibt aber auch den Trend, sich durch Magie Wünsche zu erfüllen, die man nicht mit Geld bezahlen kann. Dafür wird Magie in Auftrag gegeben, denn in unserer Konsumwelt ist man es gewohnt, alles, was man will, zu bekommen. Der Computer ermöglicht ja vieles sofort per Knopfdruck.

Neben den überlieferten Schriften, die magische Rituale beschreiben, und den Zauberbüchern der alten und neueren Zeit ist es heutzutage durch das Internet sehr leicht, Anleitungen für alle möglichen Zauber oder Magier ausfindig zu machen. Möglicherweise gibt es darunter auch solche, die ihre Fähigkeiten überschätzen oder nur schnelles Geld machen wollen. Die heutige Esoterik-Branche ist ein riesiger Markt, und es gibt unzählige Hilfesuchende, die aus ihrer Not heraus bereit sind, viel Geld zu bezahlen. Leider wird dies häufig von Scharlatanen ausgenutzt, die einfach nur Geld abzocken wollen oder die schwarzmagische Praktiken als weiße Magie verkaufen. Im Internet lassen sich aber auch mühelos Angebote für schwarze Magie, Schadens-, Zerstörungs- und Rachezauber finden. All dies beschädigt das Ansehen der gesamten spirituellen Hilfsangebote.

Die Magie ist ein mitunter gefährliches Terrain. Wer sich in irgendeiner Art und Weise darauf einlässt bzw. davon betroffen ist oder gar einen solchen Auftrag erteilt, womöglich im Glauben, es handele sich um ein weißmagisches Ritual, tut gut daran, sich genauestens über diese Thematik zu informieren.

Für die Unterscheidung von weißer und schwarzer Magie gibt es folgenden Anhaltspunkt:

Sobald ohne das Wissen oder das Einverständnis von Beteiligten gewirkt wird und wenn der Wille eines anderen in irgendeiner Weise manipuliert wird, handelt es sich um schwarze Magie.

Es gibt aber auch Ausnahmen von dieser Regel, die im Kapitel »Behandeln ohne Erlaubnis?« näher beschrieben werden.

Dass es um schwarze Magie geht, wenn egoistische Ziele und Machtinteressen verfolgt werden, dürfte sich von selbst verstehen. Dies betrifft auch Rache- oder Schadenszauber. Dass es sich aber auch bei einem Liebeszauber um schwarze Magie handelt, dürfte für manche neu sein. Denn wie viele andere angeblich weißmagische Rituale auch, respektiert Liebesmagie nicht den freien Willen der Betroffenen.

Schwingung und Resonanz

Lichtvolle, »gute«, leichte und liebevolle Schwingung ist hoch. Dunkles, Böses, Schweres, Depressives, Hass und Angst schwingen niedrig. Unter Schwingung versteht man elektromagnetische Wellen, die von einem Objekt ausgesendet werden. Diese Wellen haben eine bestimmte Frequenz, deren Spektrum von sehr hoch bis sehr niedrig reicht. Resonanz bedeutet, dass Schwingungen bei einem anderen Objekt oder Lebewesen eine Reaktion auslösen, etwa ein Mitschwingen oder das Erwidern einer Schwingung.

Der Ausdruck »man geht mit etwas in Resonanz« bedeutet also, dass man auf etwas reagiert bzw. dafür empfänglich ist, da man eine Entsprechung in sich trägt – sowohl im Positiven als auch im Negativen. Wenn man zum Beispiel auf etwas empfindlich reagiert, zeigt das, dass hier noch ungeheilte Punkte im Inneren vorhanden sind.

Energie folgt der Aufmerksamkeit

Wie man weiß, haben Gedanken und Gefühle eine schier unermessliche Kraft. Und diese Energie folgt der Aufmerksamkeit. Das ist ein kosmisches Gesetz! Alles, dem wir Aufmerksamkeit in Form von Gedanken oder Gefühlen geben, nähren wir mit unserer Energie.

Deshalb sollten wir unter allen Umständen auf die Qualität unserer Gedanken und Gefühle achten. Wir entscheiden immer selbst, ob wir etwas Positives oder Negatives nähren wollen.

Bei der Kontaminierung durch schwarze Magie und dunkle Energien ist es wichtig, sich dessen bewusst zu sein, dass die dunklen Kräfte weiteres Negatives hervorrufen wollen, da sie sich hierdurch nähren und potenzieren. Jede Angst, jeder Streit oder hasserfüllte Gedanke und jedes negative Gefühl verleihen der dunklen Energie nur noch mehr Macht. Deshalb ist es so wichtig, diesen negativen Kreislauf zu durchbrechen. Alles Gute und Positive stärkt die Energie, um gegen das Dunkle anzukommen.

Da bei Belastungen mit Fremdenergien üblicherweise die Gedanken und Gefühle der Betroffenen sehr negativ sind, zeigt sich beim Auflösen der dunklen Kräfte meist eine sofortige Stimmungsverbesserung.

5. Verschiedene Formen von Fremdenergien

Neben der schwarzen Magie gibt es weitere Formen von Fremdenergien, die in »Fremdenergien von außen« und »innere Fremdenergien« eingeteilt werden. Meist kommen Mischformen verschiedener Fremdenergien vor.

Fremdenergien von außen

Zu den Fremdenergien von außen gehören:
- **schwarze Magie, Voodoo:** entstehen durch Rituale und Beschwörungen
- **Flüche, Verwünschungen:** Diese sind manchmal schwer zu erkennen, wenn sie jedoch erst einmal erkannt wurden, sind sie meist relativ einfach zu lösen.
- **dunkle Kräfte: Dämonen und Geister** werden häufig auch durch schwarze Magie gerufen, sind meist sehr intelligent und können äußerst bösartig sein.
- **dunkle Astralwesen** aus der astralen Ebene
- **Elementale** sind Dämonen, die vom Besetzten durch Gedankenkraft selbst kreiert werden.

- **Elementare** (Naturgeister)
- **erdgebundene Seelen:** die unerlösten Seelen von verstorbenen Menschen oder Tieren
- **Elektromagnetismus, Wasseradern, Erdstrahlen,** *feinstoffliche Implantate*

Dass negative Energien oder Stimmungen von anderen Menschen oder Tieren auf einen übergehen können, hat wohl jeder schon einmal erlebt. Genau genommen handelt es sich auch dabei um Fremdenergien.

Meiner Meinung nach nimmt man auch durch den Verzehr von Fleisch, vor allem aus Massentierhaltung, Fremdenenergien auf. Neben den teils erheblichen Mengen an Medikamenten, die diesen armen Kreaturen zugeführt werden und welche vom Verbraucher mitgegessen werden, befinden sich im Fleisch auch die Angst- und Stresshormone, welche die Tiere produzieren angesichts der schrecklichen Bedingungen in der Haltung. So nimmt man energetisch das Leid dieser Wesen auf, wenn man sie verspeist.

Innere Fremdenergien

Die eigenen, inneren Fremdenergien bleiben bei *Clearings* oft unerkannt und bilden dann häufig die Grundlage für erneute Anhaftungen von außen.

Zu den inneren Fremdenergien gehören:
- Gelübde, Eide, Versprechungen, Schwüre, Pakte oder Verträge: Stammen häufig aus früheren Leben, sind

eventuell nicht mehr dienlich und erschweren das jetzige Dasein oft erheblich. Um sie aufzulösen, muss ihnen widersprochen werden.

- Denkmuster, Glaubenssätze, Ängste
- Karmische Gründe und Ursachen im Ahnensystem

Alles lässt sich lösen, wenn es erst einmal erkannt ist. Manchmal erfordert es Ausdauer und Geduld, aber es lohnt sich!

Flüche und Verwünschungen

Flüche und Verwünschungen kommen häufig vor, werden bei Clearings jedoch oftmals übersehen. Meist werden Flüche durch hasserfüllte Personen bewusst formuliert, um damit einem Widersacher zu schaden. Manchmal werden sie auch unbewusst ausgesprochen. Ein Fluch ist ein negativer energetischer Auftrag, der sich in der Aura der verfluchten Person festsetzt und den natürlichen Energiefluss blockiert. Er provoziert weitere negative Energie, durch die er sich nährt und verstärkt.

Flüche können sich auf alle möglichen Bereiche beziehen, etwa Partnerschaft, Gesundheit, Beruf, Karriere oder Finanzen. Eine Verwünschung ist wie ein Fluch, bei dem genau formuliert wird, welcher Schaden eintreten soll oder welches Ereignis nicht geschehen soll. Es gibt auch versteckte Flüche, die erst wirksam werden, wenn ein bestimmtes Ereignis in das Leben des Betreffenden eintritt, welches dann sabotiert wird.

Auftragsmagier legen häufig ganze Depots mit Flüchen an, die sich nach ihrer Auflösung wieder erneuern. Häufig werden auch Familienflüche ausgesprochen, an denen eine ganze Familie Schaden nimmt und die sich über Generationen fortsetzen. Flüche bleiben auch über Inkarnationen hinweg bestehen.

Eine spezielle Art der Flüche sind die sogenannten Jakobsleiterflüche. Sie sind besonders schwer komplett aufzulösen, weil sie sich auch noch Wochen oder sogar Monate nach einer Auflösung erneuern können. Bei diesen Flüchen sind nach dem Clearing eine regelmäßige Nachkontrolle und ggf. erneutes Auflösen besonders wichtig.

Erdgebundene Seelen

Bei den erdgebundenen Seelen handelt es sich um Seelen von verstorbenen Menschen oder Tieren, die den Weg ins Licht nicht gefunden haben. Oft ist dies der Fall, weil der Tod zu plötzlich kam, zum Beispiel bei Unfällen, Ermordung oder Selbsttötung. Häufig kann die Seele auch aus Angst nicht ins Licht gehen oder weil sie irgendetwas auf der Erde nicht loslassen kann: den Partner, der aus Eifersucht weiter kontrolliert werden soll, andere Nahestehende, materielle Dinge oder eine Sucht. Es kann auch vorkommen, dass die Seele nicht gehen kann, weil sie von Angehörigen nicht losgelassen wird.

Erdgebundene Seelen wissen häufig nicht, dass der Körper schon gestorben ist. Sie heften sich an die Aura von dafür prädestinierten Personen, leben von der Energie des

»Wirts« und können diesen sogar steuern. Süchte oder Ähnliches werden von erdgebundenen Seelen häufig über die behaftete Person ausgelebt.

Beim Clearing wird mit diesen Seelen geredet, und sie müssen oftmals dazu überredet werden, ins Licht zu gehen. Entgegen anderslautender Aussagen werden solche Seelen nicht ins Licht »geschickt«, da ihr freier Wille respektiert werden muss. Die Seelen werden durch Überzeugungsarbeit dazu bewegt, freiwillig zu gehen. Manchmal warten sie aber auch regelrecht auf die Möglichkeit, endlich »erlöst« zu werden.

Exkurs: Eine Horde erdgebundener Seelen

Während meiner »Lehrzeit« (ich nenne das jetzt mal so, aber eigentlich lernt man ja nie aus) wurde ich von einem bestimmten Dorf in unserer Nähe »wie magnetisch« angezogen. Ich zog sogar in Erwägung, dort ein bestimmtes Haus zu kaufen. Ein Häuschen auf dem Land war einer meiner Lebensträume, der schon mehrmals verhindert worden war. Aber ein Gefühl sagte mir, dass ich nicht nur wegen dieses Hauses in diesen Ort wollte.

Ich besuchte das Dorf mehrmals und erfuhr »durch Zufall«, dass sich der Sohn der alten Dame, die bis zu ihrem Tod in dem Haus gewohnt hatte, im Alter von 15 Jahren in der Scheune neben dem Haus erhängt hatte.

Bei Spaziergängen durch den Ort traf ich mehrere Menschen, mit denen ich mich unterhielt. Alle wirkten irgendwie unglücklich und erzählten mir recht schnell von Todesfällen in ihren Familien durch Unfall oder Selbstmord. Da ich Aura und Schwingung von Personen sehr schnell wahrnehme, war mir klar, dass bei all den Menschen, die ich traf, Fremdenergien im Spiel waren.

In dieser Zeit ging es mir ständig schlechter. Ich wurde immer schwächer und fing mit dem Rauchen an, was mich zusätzlich angreifbar machte, da es meine Aura destabilisierte. Auch hatte ich seltsame Gedanken, die nicht zu mir gehörten. Diesen und weiteren schwarzmagischen Angriffen, die verhindern sollten, dass ich das Haus kaufe, konnte ich immer weniger standhalten.

Da ich so geschwächt war, dass ich mir nicht mehr selbst helfen konnte, suchte ich einen Heiler auf, um meine Aura reinigen zu lassen. Schon während der Behandlung spürte ich, wie ich wieder leichter wurde, der Druck auf meinem Herzen abnahm, die Mundwinkel sich nach oben zogen und ich Freude empfand. Beim Nachgespräch fragte ich den Geistheiler, was er denn alles gelöst hatte. Er meinte, neben den magischen Energien seien da auch erdgebundene Seelen gewesen. Ich fragte: »Oh, tatsächlich? Wie viele?« Normalerweise handelt es sich um eine, vielleicht zwei, im höchsten Falle drei Seelen, die anhaften. Doch er meinte: »Eine ganze Horde! Die haben bei Ihnen Zuflucht gesucht!«

Nachdem wir geklärt hatten, dass der 15-jährige Sohn, der sich in der Scheune das Leben genommen hat, dabei war, erkannte ich, warum ich unbedingt in dieses Dorf kommen sollte. Ich gehe davon aus, dass die Seele des Jungen nach dem Tod der Mutter nicht wusste, wohin, und dass ich in dieses Dorf geführt wurde, um ihn und nach und nach auch die anderen ins Licht zu führen. Als dann klar wurde, dass durch schwarze Magie der Hauskauf platzen würde, haben sich bei meinen Spaziergängen durch den Ort alle Seelen, die ins Licht wollten, an mich gehängt. Die Seele des Jungen und die der anderen Verunglückten wussten schon, dass ich sie irgendwie ins Licht befördern würde. Nach dem Clearing ging es mir jedenfalls wieder viel besser.

Besetzungen

Viele Fremdenergien, dunkle Wesenheiten und erdgebundene Seelen nisten sich in der Aura von Menschen und Tieren ein. Das ist der Energiekörper, der den physischen Körper umgibt. In diesen Fällen spricht man von Anhaftungen oder Belagerungen.

Andere Wesenheiten wie Dämonen und astrale Geister dringen dagegen in den physischen Körper ein. Hierbei handelt es sich um Besetzung oder Besessenheit. Wie bereits erwähnt, werden diese Geister und Dämonen oft durch schwarze Magie und Verfluchung auf die Betroffenen angesetzt. Wenn es sich um eine anfällige oder schwache Person handelt, kann der Besetzer oftmals sofort in sie eindringen. Dies ist auch bei emotionalen Grenzsituationen, Traumata oder Schock sowie Alkohol- oder Drogenrausch der Fall.

Wenn die dunklen Wesen es aufgrund der Widerstandsfähigkeit eines Menschen nicht schaffen, in seinen physischen Körper einzudringen, können sie sich auch anhaften oder nahe bei dieser Person aufhalten und negative, belastende Umstände hervorrufen, damit das Opfer geschwächt wird. Dies kann sich sowohl auf der materiellen als auch der mentalen Ebene abspielen und zu einem regelrechten Teufelskreis werden. Probleme in jeder Hinsicht, negative Gedanken und das Ausnutzen der persönlichen Schwachpunkte sollen eine Person letztendlich so stark destabilisieren, dass der Besetzer endlich eindringen kann.

Nachdem die dunkle Macht in den Körper eingedrungen ist, legt sie an einer Schwachstelle des Körpers ein Zentrum an, von dem aus sich die negative Energie fortschreitend ausbreitet. Die Besetzung übernimmt und kontrolliert die Persönlichkeit des Betroffenen immer mehr.

Die Symptome eines Besetzten sind mannigfaltig und reichen von Paranoia, Angstzuständen, Depressionen, Hoffnungslosigkeit und Hemmungen sowie Charakterveränderungen und Anfeindungen über dissoziative Identitätsstörungen bis zur Schizophrenie und multiplen Persönlichkeitsstörung.

Ein Besetzter kann eine komplett andere Persönlichkeit annehmen: Er wird zum Beispiel hinterlistig, verlogen, berechnend und bösartig, obwohl er vorher nie so war. Die Besetzung kann die Persönlichkeit des Besetzten sozusagen gänzlich überdecken. Ein sonst völlig friedfertiger Mensch kann plötzlich aggressiv und gehässig werden, eine bis dahin lebenslustige Person depressiv und lethargisch. Oder eine einfühlsame und liebevolle Person verhält sich von einem Moment zum anderen nur noch egoistisch und selbstbezogen. Alle Formen der Veränderung sind möglich.

In dramatischen Fällen begeht der Dämon im Körper des von ihm Besetzten eine folgenschwere Tat bzw. treibt den Betroffenen dazu. Hier reicht das Spektrum von der Gewaltanwendung über Brandstiftung bis zum Mord, Suizid oder Amoklauf.

Der Betroffene macht Sachen, die er vorher nie getan hat, oder kann sich an Dinge, die geschehen sind oder geäußert wurden, nicht erinnern. Auch leidet ein Besetzter häufig unter plötzlich auftretenden, bis zu sehr starken Stimmungsschwankungen. Da die Ursache der Problematik meist nicht erkannt wird, kann sie auch nicht wirkungsvoll in Angriff genommen werden. Sofern die Betroffenen zu einer schulmedizinischen Behandlung gelangen, werden sie häufig einfach mit Medikamenten ruhiggestellt, da die Thematik in der Schulmedizin nicht existent ist und somit auch keine ausreichende und sinnvolle Behandlung stattfinden kann. Nicht selten landen die Betroffenen dann in der Psychiatrie (siehe auch »Psychiatrische Diagnosen bei Fremdenergien«).

Es kommt auch vor, dass ein Besetzer, genau wie eine erdgebundene Seele, Süchte über seinen Wirt auslebt. Ich habe bei Besetzungen durch Dämonen oder astrale Wesenheiten schon erlebt, dass der Besetzte plötzlich Unmengen an Alkohol trank, Zigaretten rauchte oder Drogen konsumierte. Das macht natürlich alles noch schlimmer, destabilisiert die Aura zusätzlich und zieht womöglich weitere Fremdenenergien und noch mehr Negatives an. Das könnte natürlich wiederum auch eine der Ursachen sein für den

Drang, diese Substanzen einzunehmen. Das wäre naheliegend, ist aber reine Spekulation, da ich mich darüber noch mit keinem Dämon unterhalten habe.

Dämonen können natürlich auch zu einem sprechen, was mir schon passiert ist. Ich bin jedoch der festen Meinung, dass es besser ist, nicht zu antworten oder ein Gespräch anzufangen, wenn so etwas passiert. Denn Dämonen können außerordentlich bösartig sein. Sie wollen den Besetzten zu Bösem und Dunklem treiben. Es heißt, sie ernähren sich von den niederen Schwingungen.

Umgang mit besetzten Menschen

Der Umgang mit einem Angehörigen oder nahestehenden Menschen, der mit Fremdenergien behaftet ist, kann sich extrem schwierig gestalten. Besonders, wenn die Kontaminierung stark ist oder es sich im schlimmsten Fall um eine dämonische Besetzung oder Besessenheit handelt. Ich nenne hier der Einfachheit halber die Besetzung durch Dämonen. Es kann sich aber auch um eine Besetzung durch dunkle Astralwesen handeln.

Die Verhaltens- und Wesensveränderungen von Betroffenen sind jedoch ähnlich, und die Ratschläge im Umgang gelten für jegliche Art von Besetzung. Sehr oft sind die Symptome bei einer Besetzung die gleichen wie die, welche bei einer Psychose beschrieben werden.

Wenn die Besetzung durch schwarze Magie hervorgerufen wird, die auch noch direkt auf die Beziehung zwischen dem Betroffenen und einer anderen Person wirken soll, dann ist ein normaler Umgang zwischen diesen Menschen kaum mehr möglich. Dies kann zum Beispiel bei einem Trennungszauber passieren, aber auch bei anderen Schadenszaubern, etwa wenn eine erfolgreiche Geschäftsbeziehung verhindert werden soll.

Selbst wenn einer der Partner die Situation erkennt, eventuell sogar die Besetzung wahrnimmt, ist der Umgang miteinander außerordentlich schwer, da die Besetzung im anderen immer wieder Streitigkeiten oder Schlimmeres heraufbeschwört.

Der Besetzte kann ein völlig anderes Wesen annehmen (man beachte die Wortwahl!) und sich sehr verletzend und respektlos verhalten. Jedes Treffen oder jeder Kontakt kann in der Eskalation enden, sosehr man sich auch vornimmt, dass es beim nächsten Mal friedlich abläuft. Eine Besetzung kann alles zunichtemachen.

Häufige Streitthemen sind Misstrauen, Verfolgungswahn oder Eifersucht bis hin zum Eifersuchtswahn. Dies hängt von den Schwächen und somit Resonanzen des Besetzten ab.

Häufig schlafen die Besetzten nicht mehr und essen kaum noch was. Dafür wird oft zu Alkohol, Zigaretten oder womöglich sogar Medikamenten und Drogen gegriffen, was die Situation weiter verschlimmert. Eine gravierende Gewichtsabnahme tritt ebenfalls oft auf.

Ein Besetzter hat meist eine für sensible Mitmenschen sehr unangenehme Ausstrahlung und wirkt oftmals gehetzt, aufdringlich, mürrisch und unzufrieden bis aggressiv oder schlimmstenfalls bösartig. Das kann sich durchaus auch mit

Niedergeschlagenheit bis hin zur Depression abwechseln. Das Denken und Reden dreht sich häufig nur noch um bestimmte Themen, zum Beispiel beim Verfolgungswahn. Es kann sogar so weit kommen, dass der Besetzte den Partner nachts nicht schlafen lässt oder aus dem Schlaf reißt, um ihm aufgebracht seine neueste Theorie zu erzählen oder ihn zu beschuldigen.

Für die Mitmenschen ist das eine schwere Belastung, vor allem für Kinder. Um die wichtigen täglichen Dinge kümmert sich ein Besetzter meist kaum mehr und lässt alles schleifen.

Oft wird das eigene Verhalten von der besetzten Person in keiner Weise realisiert, sondern es wird alles auf das Gegenüber projiziert: Alle anderen sind an allem schuld, vor allem an der eigenen Misere. Wie schon erwähnt, kann sich der Besetzte im Nachhinein oft nicht mehr an seine Äußerungen erinnern, zeitweise auch nicht mehr an seine Taten. Da es sogar vorkommen kann, dass er ein paar Minuten später nicht mehr weiß, was er gesagt oder getan hat, sind Diskussionen meist sinnlos.

Weil Betroffene häufig Stimmen hören, kann es auch vorkommen, dass der Besetzte glaubt, sein Partner hätte dieses oder jenes gesagt. Rechtfertigungen oder Versuche der Richtigstellung bringen in der Regel nichts, da der Betroffene von seiner Version überzeugt ist.

Das Tückische dabei ist, dass sich dieses Verhalten innerhalb kürzester Zeit völlig verändern kann und der wahre Charakter des Besetzten wieder durchdringt. Er ist plötzlich wieder wie umgewandelt. Der Besetzer zieht sich zeitweilig zurück und lässt der Persönlichkeit des Besetzten wieder Raum. Dadurch wird im Umfeld Hoffnung auf eine positive Veränderung geweckt. Bis es wieder von vorne losgeht und die dunkle Kraft das Verhalten des Besetzten steuert. Deshalb ist es nicht verwunderlich, dass Menschen mit einer Psychose aus dem schizophrenen Formenkreis oder einer Schizophrenie, die häufig auf Besetzungen zurückzuführen sind, landläufig als »gespaltene Persönlichkeiten« bezeichnet werden. Ein Betroffener hat wirklich zwei völlig verschiedene Persönlichkeiten. Bei Mehrfachbesetzungen, was übrigens auch möglich ist, zeigt er dementsprechend mehr Verhaltensweisen. Man kann es ohne Umschweife so sagen: Solange die Besetzung vorhanden ist, ist keine liebevolle Beziehung oder Veränderung zum Positiven möglich.

Trotzdem möchte ich an dieser Stelle ein paar Tipps für den Umgang mit einem Besetzten geben: Natürlich ist es das Beste, wenn sich der Betroffene möglichst schnell einem Clearing unterzieht. Abzuwarten und zu hoffen, dass sich alles von selbst regeln wird, bringt nichts. Im Gegenteil, die Symptome werden sich verfestigen. Die Besetzung wird alles versuchen, um ein Clearing und alles, was für ihren Wirt hilfreich wäre, zu verhindern. Denn die dunkle Kraft ernährt sich von dessen niedrig schwingenden Emotionen. Bei schweren psychiatrischen Symptomen, bei denen der Betroffene keine für ihn günstige Entscheidung mehr treffen kann, darf über das hohe Selbst des Besetzten die Erlaubnis für ein Clearing abgefragt werden. (Mehr dazu in »Behandeln ohne Erlaubnis?«)

Hilfestellungen für den Umgang mit besetzten Personen

Vernachlässigen Sie sich nicht, und sorgen Sie für die Erfüllung Ihrer Bedürfnisse!

Machen Sie sich klar: Wenn ein Besessener ohne ersichtlichen Grund auf einen anderen Menschen wütend und zornig ist oder Streit sucht, dann kann man davon ausgehen, dass der Auslöser hierfür die Besetzung ist.

Lassen Sie sich nicht provozieren und in Streitigkeiten verwickeln.

Vermeiden Sie es, den Besetzten zu kritisieren. Er kann Situationen nicht mehr realistisch einschätzen. Es ist nicht möglich, Probleme mit ihm sachlich auszudiskutieren.

Bitte nehmen Sie die Verletzungen, die Ihnen zugefügt werden sollen, nicht persönlich. Legen Sie sich einen inneren Schutzwall zu, und denken Sie daran, dass nicht Ihr Angehöriger oder vielleicht sogar Ihr liebster Mensch das zu Ihnen spricht oder schreibt, sondern dass seine Besetzung Sie verletzen will! Es bringt auch nichts, über die Verletzungen zu diskutieren, das führt eher zu erneutem Streit.

Rechtfertigen Sie sich nicht für Anschuldigungen, sondern sagen Sie nur: »Nein, das war ich nicht« oder: »Nein, das habe ich nicht getan.«

Versuchen Sie sich daran zu erinnern, wie Ihr Angehöriger oder Partner wirklich ist. Gehen Sie liebevoll und kritiklos mit ihm um. Wenn Sie das schaffen, entschärfen Sie die Situation.

Gehen Sie auf Abstand, und setzen Sie Grenzen, wenn es Ihnen zu viel wird. Das kann schwierig werden, denn dann wird das Gegenüber versuchen, alle möglichen Tricks anzuwenden, um Sie an der Angel zu halten.

Wenn Sie Angst haben, dass Sie körperlich angegriffen werden könnten, oder Ihr Gegenüber Ihnen droht, sollten Sie das ernst nehmen. Provozieren Sie den Besetzten nicht. Aber überlegen Sie sich auch, wen Sie im äußersten Fall zu Hilfe holen können.

Wenn Sie selbst auch magisch angegriffen werden, kann es sein, dass die Situation noch unerträglicher wird, da es dann eventuell wesentlich schwieriger wird, nicht auf die Provokationen einzusteigen. Hier rate ich Ihnen, sich an einen Profi zu wenden, der bei beiden Betroffenen ein Clearing durchführt und sie schützt.

Letztendlich besteht die Chance, sich durch das Verhalten des Besetzten selbst noch besser zu reflektieren. Wahrzunehmen, wo man sich verletzt fühlt, und nachzuspüren, welche tieferen Gründe es dafür gibt. Ein Dämon wird jeden noch vorhandenen wunden Punkt finden. Aber einer allein kann nicht streiten.

Nach einem Clearing

Auch nach einem erfolgreichen Clearing kann sich die Kommunikation mit dem erst kürzlich noch Besetzten für den Partner schwierig gestalten, wenn dieser über die vorangegangenen Streitigkeiten und Verletzungen reden möchte. Vor allem, wenn es sich um eine Liebesbeziehung handelt. Denn während der Besetzung hatte der nun Befreite eine völlig verzerrte Wahrnehmung und erinnert sich völlig realitätsfremd an diese Zeit. Eventuell schiebt er die Schuld für die früheren Schwierigkeiten sogar dem Partner zu. Auch wenn das zusätzlich verletzend und sehr enttäuschend sein kann – Diskussionen über die Vorfälle der Vergangenheit können nur zu weiteren Diskrepanzen führen.

Wenn Sie die Beziehung weiterführen oder einer Liebesbeziehung noch eine Chance geben wollen, schieben Sie Ihr verletztes Ego zur Seite, und springen Sie über Ihren Schatten. Lassen Sie Vergangenes ruhen und schauen Sie, wie sich die Beziehung nun ohne Besetzung weiterentwickelt. Wenn Sie nicht über die Verletzungen der Vergangenheit hinwegkommen, können Sie sich klarmachen, dass der Dämon sie Ihnen zugefügt hat und nicht Ihr Partner.

Falls der Befreite das Clearing nicht ernst nimmt oder die Veränderungen (die er vielleicht auch nicht als so gravierend wahrnimmt) nicht damit in Zusammenhang bringt, rate ich, den Betroffenen nochmals sanft darauf hinzuweisen, dass die positiven Veränderungen durch das Clearing eingetreten sind. Dies könnte vor allem bei Fernbehandlungen notwendig sein.

Auch wenn das Clearing erfolgreich war, sollte man die vorhandene Resonanz des nun Befreiten mit Fremdenergien nicht aus den Augen verlieren. Wird diese nämlich nicht dauerhaft und bestenfalls unter aktiver Mitarbeit des Betroffenen gelöst, kann es zu neuen Anhaftungen kommen.

Psychiatrische Diagnosen bei Fremdenergien

Jeder, der sich mit Fremdenergien auskennt, dürfte wissen, wie erstaunlich ähnlich die Symptome bei psychiatrischen Diagnosen denen von Besetzungen sein können.

Ich gehe davon aus, dass bei sehr vielen Menschen, die als psychisch krank gelten, die Ursache bei Fremdenergien liegt, vor allem bei Besetzungen durch Dämonen und Astralwesen sowie Belagerungen und Anhaftungen durch erdgebundene Seelen. Alle psychiatrischen Symptome kommen auch bei der Kontaminierung durch Fremdenergien vor. Das bezieht sich auf Depressionen, Angst- und Suchterkrankungen, Bipolare sowie Persönlichkeitsstörungen, Neurosen und Psychosen.

In anderen Kulturen, zum Beispiel in Indien, gibt es keine »Psychosen«, sondern es wird dort immer von Besetzungen ausgegangen und immer der »böse Geist« ausgetrieben. Natürlich ist hier auch Vorsicht geboten, denn es soll ja auch kein Exorzismus salonfähig gemacht werden, so wie das einst durch die katholische Kirche betrieben wurde.

Mittlerweile ist es Clearing-Fachleuten bekannt, dass zum Beispiel auch das Hören von Stimmen bei Besetzungen vorkommt. Man kann davon ausgehen, dass das Gehörte oder Zugeflüsterte dem Betroffenen und/oder seiner Umwelt schaden soll. Doch sind gerade Stimmenhörer auch häufig besonders medial veranlagt.

Laut der Ansicht von Fachleuten und Professoren, die sich mit erweiterten Wahrnehmungsfähigkeiten wie

Hellsehen befassen, geht Stimmenhören auf das Hellhören zurück. Die Fähigkeit, mehr zu hören als die Umwelt, bedeutet nicht, dass dies krankhaft ist. Oft verunsichert aber gerade diese Kategorisierung den Stimmenhörer, und er glaubt krank zu sein, was gleichzeitig den Weg bereitet in die krankhafte Erscheinungsform der erweiterten Wahrnehmung.

Ein weiteres Beispiel aus anderen Kulturkreisen: In China zum Beispiel werden Stimmenhörer nicht pathologisiert, sondern es heißt, diese Menschen könnten mit Gott reden. Sie sind angesehen und werden auch um Rat befragt. Doch so etwas wird in der westlichen Schulmedizin meist nur belächelt.

Es gibt mittlerweile Studien, die belegen, dass die Botschaften der Stimmen im Kopf häufig von der Kultur, in der die Betroffenen leben, abhängen. So ist das Gehörte in Europa und den USA, wo Stimmenhören als schizophren und krankhaft eingestuft wird, häufig aggressiv und bedrohlich. In Asien und Afrika hingegen sind die Stimmen eher freundlich und sanft, und die Betroffenen, die sie hören, haben eine persönliche Beziehung zu ihnen. Dort gehört es zur Kultur, dass körperlose Geister sprechen können, und dies wird nicht als krankhaft angesehen.

In den psychiatrischen Kliniken wimmelt es auf jeden Fall nur so von Fremdenergien, und sehr vielen der Patienten könnte auf ganz andere Art und Weise geholfen werden als durch die kontinuierliche Gabe von starken Psychopharmaka.

Ich kenne einige Personen mit verschiedenen psychiatrischen Diagnosen, die durch Clearing geheilt wurden.

Natürlich ist danach, genau wie bei allen anderen, darauf zu achten, dass man sich weiter stabilisiert, an seinen Resonanzfeldern arbeitet und gewisse Verhaltensregeln, wie zum Beispiel den Verzicht auf Alkohol und Drogen, einhält.

Eine der Personen war ein junges Mädchen, das an schweren Depressionen litt, ausgelöst durch verschiedene Fremdenergien, darunter auch erdgebundene Seelen. Schon nach der ersten Aurareinigung spürte sie eine deutliche Erleichterung und war insgesamt viel positiver gestimmt. Nach mehreren intensiven Clearings waren ihre Depressionen verschwunden. Sie konnte sich endlich wieder positiv auf ihr Leben konzentrieren, begann bald eine neue Ausbildung und widmete sich wieder ihren brachliegenden Hobbys und Interessen. Außerdem entschloss sie sich zu einer Therapie, um unverarbeitete Themen aufzuarbeiten.

Ein Mann mittleren Alters war schon als Jugendlicher psychisch auffällig und wurde früh berentet. Da er in seiner Jugend viel Alkohol getrunken und Drogen genommen hatte, glaube ich, dass er sich bei einem seiner Räusche etwas »eingefangen« hat. Drogenkonsum öffnet die Aura, und man wird empfänglich für das Eindringen von Fremdenergien. Der Mann litt neben mittelschweren Depressionen unter paranoiden Wahnvorstellungen. Er berichtete häufig von gewissen »unerklärlichen« Dingen: Sachen würden aus seiner Wohnung verschwinden oder zerstört werden, wie zum Beispiel ein zerschnittener Pullover, er werde verfolgt und anderes. Ich kann nicht beurteilen, was den Tatsachen entsprach, aber ich weiß, dass

Geister auch Dinge verschwinden lassen können. Der Mann unterzog sich mehreren Clearingsitzungen und war danach wie ausgewechselt. Man merkte nichts mehr von psychischen Auffälligkeiten.

Auch ein anderer Bekannter, auf den über längere Zeit *Schadensmagie* ausgeübt wurde, zeigte massive psychische Veränderungen. Er fühlte sich verfolgt und misstraute allem und jedem. Er trank zudem stark, was die ganze Sache noch verschlimmerte. Durch energetische Reinigungen und starken Schutz über längere Zeit konnte ihm geholfen werden, und er wurde wieder der nette und friedvolle Mensch von früher.

Gerade Menschen, die medial veranlagt oder sehr sensibel sind, werden häufig angeblich psychisch krank und dann oft ausschließlich mit starken Medikamenten behandelt. Dabei könnte sicher vielen dieser Menschen durch energetische Behandlungen und insbesondere durch Clearing geholfen werden.

Ich stimme nicht mit den Kollegen überein, die meinen, dass energetische Behandlungen durch die jahrelange Einnahme von Psychopharmaka keinen Erfolg mehr zeigen, weil die Aura zu sehr zerstört wäre. Die Aura kann wieder aufgebaut und stabilisiert werden. Eventuell dauert eine Behandlung länger, aber selbst das ist hypothetisch.

Eine Bekannte von mir, die Klangtherapeutin ist, geht regelmäßig in die Psychiatrie, um Klangvorführungen mit ihren *Klangschalen* und Handgongs zu geben. Die Patienten sprechen sehr gut darauf an, öffnen sich, und es zeigt sich ein enormer Heilungseffekt. Klang wirkt reinigend und stabilisierend auf das energetische System.

Ich hoffe sehr, dass diese Beispiele Anlass zur Reflexion geben, falls es im Familien- oder Bekanntenkreis »psychisch Kranke« gibt. Es wäre sinnvoll, andere Behandlungsmethoden in Betracht zu ziehen.

6. Liebeszauber & Co.

Eine sehr verbreitete Form der schwarzen Magie sind die immer mehr überhandnehmenden sogenannten Liebeszauber, Partnerzusammenführungen sowie Partnerrückführungen nach Trennungen. Liebeszauber, Bindungszauber oder dergleichen entstehen immer aus niederen Impulsen: Gier, Macht, Egoismus oder Angst. Das alles hat mit wahrer Liebe nichts zu tun.

Beim Liebeszauber wird durch Magie ein künstliches energetisches Band zwischen den Chakren (Energiezentren) von zwei Personen gelegt, das eine künstliche Anziehung bewirkt, auch sexueller Natur. Der/die magisch Gebundene fühlt sich regelrecht zwanghaft zu der anderen Person hingezogen, ohne aber tiefere Gefühle für diese zu hegen.

Die Wahrnehmung der begehrten Person wird so ins Positive verzerrt, dass der mit dem Liebeszauber Belegte sie plötzlich anziehend, großartig, interessant und sexy findet und meist auch glaubt, er sei in sie verliebt. Weil das Stirnchakra des Belegten durch den Liebeszauber magisch manipuliert wird, denkt er unentwegt an die Person, die den Zauber veranlasst hat.

Einen Menschen an sich binden

Liebeszauber können unterschiedlich stark wirken. Vom Bindungszauber, der eine Person gefühlsmäßig bindet und für andere unerreichbar macht, über eine leichte (künstliche) Verliebtheit bis hin zu einer sehr starken (erotischen) Anziehung oder völlig rauschhaftem Sex ist alles möglich.

Diese Form der Magie wird als »weiße Magie« angepriesen. Da aber direkt und ohne das Einverständnis der anvisierten Person auf ihren Willen, ihre Gedanken und Gefühle Einfluss genommen wird, handelt es sich bei all diesen Angeboten und Techniken um schwarzmagische Praktiken.

Daneben gibt es den sogenannten weißmagischen Liebeszauber, der aber lediglich Blockaden löst, damit die wahrhaft vorhandenen Gefühle einer Person wieder frei fließen können oder ihr wieder bewusst werden. Auch wenn es sich hierbei vielleicht nicht wirklich um schwarze Magie zu handeln scheint, da die Liebe bereits vorhanden ist, sollte man auch damit äußerst vorsichtig umgehen.

Wenn der Behandelte von der Blockadenlösung weiß und zugestimmt hat, ist nichts dagegen einzuwenden. Im anderen Fall ist die Anwendung dieser Methode nicht einwandfrei und muss, genau genommen, der schwarzen Magie zugeordnet werden. Wenn es sich um eine Ausnahme handelt, die erlaubt ist (das wird abgefragt), darf man diese Art von Ritual durchführen.

Ich gehe davon aus, dass die meisten Menschen, die einseitig jemanden begehren oder aus Liebeskummer einen Liebeszauber in Auftrag geben, nicht wissen, dass es sich dabei um schwarze Magie handelt. Möglicherweise wird ihnen auch erzählt, dass die andere Person sie auch bzw. noch liebt und es nur einen kleinen Anstoß braucht, damit es endlich (wieder) funktioniert.

Doch das bedeutet einen erheblichen manipulativen Eingriff in das energetische System und den freien Willen der mit dem Zauber belegten Person. Liebe soll regelrecht erzwungen werden. Manchen mag das aber natürlich auch völlig egal sein.

Bestehende Beziehungen blockieren

Oft werden Menschen durch Liebesmagie aus intakten Beziehungen herausgerissen, und sie verlassen ihre Partner und Kinder. Die bestehenden Partnerschaften sowie alle potenziellen Liebesverbindungen werden bei einem Liebeszauber mit Blockaden belegt. Der unter Magie Stehende soll nur noch Augen für die auftraggebende (oder selbst ausführende) Person haben und den bisherigen Partner uninteressant, womöglich sogar abstoßend finden.

Wer glaubt, dass dieser Abneigung schon ein gewisses Desinteresse vorausgehen müsste, kennt sich mit Magie und was damit hervorgerufen werden kann, nicht aus. Durch Magie können Dinge verändert werden. Doch wahre Gefühle können beim Liebeszauber nicht erzeugt werden.

Häufig verlaufen diese magisch zusammengeführten Partnerschaften unglücklich und flach, da die beteiligten

Personen unter anderen Umständen wohl nie zusammengekommen wären. Und obwohl sich oftmals aggressive oder depressive Tendenzen zeigen, schaffen die so aneinander Gebundenen es nicht, die Beziehung zu beenden. Durch die Magie sind sie emotional, mental und energetisch tief miteinander verstrickt. Für den Auftraggeber der Liebesmagie kann die einst ersehnte Beziehung zur Belastung werden.

Diese Partnerzusammenführungen können es verzögern beziehungsweise schlimmstenfalls sogar ganz verhindern, dass diese Menschen mit ihrer wahren Liebe also mit dem für sie vorherbestimmten Partner, zusammenkommen können.

Wahre Liebe kann nicht zerstört werden, aber die Möglichkeit, zusammen ein glückliches Leben zu führen, kann durch Magie vereitelt werden.

Liebeszauber

Bei einem Liebeszauber wird eine große Menge einer bestimmten Energie heraufbeschworen, die sich dann ihre Bahn sucht. Irgendwo muss diese Energie hin. Zuerst fließt sie natürlich zum Energiefeld der anvisierten Person und haftet sich im Energiesystem oder einem bestimmten Chakra der Zielperson an. Doch sie kann auch in andere Bahnen strömen.

So gingen Liebeszauber, die auf meinen Partner veranlasst wurden, auf mich über, das heißt, sie strömten in unsere *energetische Verbindung*.

In einem dieser Fälle habe ich allerdings die magische Manipulation gespürt, da ich zu diesem Zeitpunkt schon relativ viel Erfahrung mit Magie gesammelt hatte.

Nachdem die Energie an mir angedockt hatte, standen wir in einer energetischen Dreierverbindung. Zwischen der Auftraggeberin und meinem Partner bestand das künstliche Band, in dem die Energie für den Liebeszauber floss, die dann jedoch von ihm zu mir weiterfloss. Das war natürlich von der Magierin so nicht gewollt. Ich wusste, wer die andere Dame war, und ekelte mich regelrecht davor, indirekt eine künstlich gelegte energetische Verbindung mit ihr zu haben. Diese konnte ich jedoch kurz darauf clearen. Was dabei passierte, war auch beeindruckend für mich. Als sich das Band löste, machte es regelrecht »plopp« – wie beim Lösen eines Gummistopfens.

Über das künstlich gelegte energetische Band können auch unerwünschte Gefühle oder Ängste und unerledigte Lernthemen des Auftraggebers auf Dritte übertragen werden. So empfand ich plötzlich unglaublich starke Eifersucht und Verlustangst. Später kombinierte ich, dass eine der Expartnerinnen meines Freundes, die rasend eifersüchtig auf mich war, einen Liebeszauber auf ihn gemacht hatte. Es waren gar nicht meine eigenen Gefühle, sondern sie schwappten auf mich über. Mein Partner war übrigens auch von der Eifersucht und den Verlustängsten erfasst. Da wir Seelenpartner sind, haben wir eine natürliche, sehr starke Verbindung, durch welche die Gefühle der anderen Frau auf mich übertragen wurden. Zuerst auf ihn durch das künstlich gelegte energetische Band und von ihm durch unser Band der Liebe auf mich.

Wird eine Person gleichzeitig von mehreren magisch manipuliert, kann das extreme Auswirkungen haben, wenn zum Beispiel ein Liebeszauber auf jemanden veranlasst wird, auf den ein anderer aus Rache Schadensmagie ausübt. Dann gehen die negativen Effekte des Schadzaubers durch das magische energetische Band auch auf den Auftraggeber des Liebeszaubers über.

Einmal wurde auf meinen Partner ein Liebeszauber verübt, und er entwickelte plötzlich für eine andere Frau Interesse, die zu dem Zeitpunkt der stattfindenden Manipulation anwesend war. Zwischen ihm und mir war zeitgleich ein Trennungszauber mit Blockaden aktiv, deshalb ging die »Liebesenergie« auf diese dritte Person über. Dass sich mein Partner in eine andere Frau verguckte, war vom Magier nicht geplant gewesen.

Ich konnte die Verwicklungen später nachvollziehen, weil einmal ein Liebeszauber auf mich über- und durch mich hindurch auf eine weitere Person ging. Ich befand mich auf einer Kur, als eine der Exfrauen einen Liebeszauber auf meinen Freund veranlasste. Da er große Sehnsucht nach mir hatte, ging der Liebeszauber durch unsere energetische Verbindung auf mich über. Am Ende verguckte ich mich ganz plötzlich in einen anderen Mann und fühlte mich von einem Moment auf den anderen stark zu ihm hingezogen. Und dieser Mann auch zu mir, da die Energie zu ihm hinüberfloss! Normalerweise hätte ich keinerlei Interesse an ihm gehabt, aber so bildete ich mir tatsächlich ein, in ihn verliebt zu sein, mit unglaublich starken sexuellen Fantasien. Zum Glück war mir trotz allem bewusst, dass ich meinen Partner liebte, sodass es bei den Fantasien blieb.

Ich hatte so etwas noch nie in meinem Leben erlebt. Ich wand mich regelrecht wie in Fieberkrämpfen, nur dass es sexuelle Wahnvorstellungen mit diesem Mann waren. Durch dieses Erlebnis bin ich in der Lage zu erfassen, wie stark so ein Liebeszauber wirken kann.

Vielleicht geben diese Schilderungen all denen zu denken, die planen, so einen Zauber zu veranlassen. Man weiß nie genau, was passiert, und Manipulationen fallen früher oder später auf einen zurück. Und will man wirklich einen Partner, den man nur mit Liebesmagie an sich binden kann? Man sollte bedenken, dass es sich um schwarze Magie handelt, wenn man einen anderen Menschen gegen seinen Willen oder ohne sein Wissen manipuliert. Und was, wenn man irgendwann merkt, dass man den Partner gar nicht mehr haben möchte? Dann muss man erst einmal jemanden finden, der den Zauber wieder auflösen kann. Nicht zu vergessen, dass nicht aufgelöste Liebesmagie inkarnationsübergreifend wirken kann. Eine magische Bindung kann einen noch in späteren Leben negativ beeinträchtigen.

Trennungszauber

Natürlich ist auch der schon erwähnte Trennungszauber, dessen Ziel es ist, bestehende Partnerschaften auseinanderzubringen, der schwarzen Magie zuzuordnen. Oftmals wird dieser mit einem Liebeszauber kombiniert, oder er geht diesem voran. Manchmal werden sie zusammen mit Schadensmagie praktiziert.

Trennungsmagie kann in einer Beziehung extrem zerstörerisch wirken, vor allem wenn diese Art der Magie wiederholt auftritt. Durch die damit einhergehenden Manipulationen kann in der Beziehung wirklich alles zerstört werden. Und am Ende steht die Trennung – damit ist das Ziel des Trennungszaubers erreicht.

Die schlimmsten Einflüsse und Schäden, die ich bei Trennungsmagie erlebt habe, wurden durch Voodoo-Zauber mit ihrer ungeheuer zerstörerischen Kraft herbeigeführt. Ihre Wirkung setzt fast sofort ein. Voodoo-Schadenszauber können meiner Erfahrung nach schwere gesundheitliche Probleme verursachen bis hin zum Tod.

Bei Trennungsmagie werden Blockaden bei und zwischen den Partnern gesetzt, und die gegenseitige Wahrnehmung der beiden wird ins Negative verzerrt. Ängste, Eifersucht, Streitigkeiten, existenzielle Probleme, Krankheiten und vieles mehr werden hervorgerufen. So wird es schwierig bis unmöglich gemacht, eine erfüllte Partnerschaft zu leben. Durch provoziertes Misstrauen und Missverständnisse kann sich ein Paar entzweien, was unsägliches Leid hervorbringen kann, wenn die Betroffenen sich eigentlich lieben und merken, dass das alles nicht sein müsste. Doch sie kommen einfach auf keinen gemeinsamen Nenner mehr. Wenn einer oder vielleicht sogar beide Partner durch die Trennungsmagie eine Besetzung haben, kann die Beziehung schier unerträglich werden.

Durch die schwarzmagischen Blockaden können aber auch die Gefühle dem Partner gegenüber regelrecht absterben. Ich kann das aus eigener Erfahrung sagen, denn mein Herz wurde ebenfalls schon durch Magie blockiert.

Man weiß zwar, dass man einen bestimmten Menschen liebt, aber man fühlt es nicht mehr. Man empfindet aber auch keine Liebe mehr zu anderen Menschen. Selbst zu den eigenen Kindern sind die Gefühle der Liebe unterbunden, wenn das Herz schwarzmagisch blockiert ist. Da man von seiner Herzenergie abgetrennt ist, ist bei Entscheidungen und anderen gegenüber eisige Gefühlskälte möglich, obwohl man eigentlich gar nicht so ist.

Solche Blockaden müssen meist fachmännisch gelöst werden. Manchmal lösen sie sich aber auch von selbst innerhalb von Wochen langsam wieder auf. Vor allem bei wahrer Liebe kommen die Gefühle immer wieder durch. Doch man muss achtsam sein, ob erneute Angriffe veranlasst werden, oft zusammen mit Schadensmagie, bei der mit allen Mitteln daran gearbeitet wird, die bestehende Partnerschaft zu zerstören.

Nicht selten wird in zweiwöchigem Abstand abwechselnd Liebeszauber und Trennungszauber gemacht, manchmal beides zusammen und zusätzlich noch Schadensmagie. Ich habe sogar schon erlebt, dass durchgehend wochenlang jede Nacht gearbeitet wurde. Das soll aber nicht heißen, dass magische Angriffe nicht auch am Tage stattfinden können, auch wenn die meisten Magier vorzugsweise nachts arbeiten.

Beim Ausführen des Trennungszaubers muss dem Magier die Person, die belegt wird, nicht einmal bekannt sein. Über die energetischen Bänder kann der Magier diesen Menschen ausfindig machen. Zum Beispiel wird dann die Trennungs- oder Schadensmagie auf »die Frau/den Mann, den der/die Begehrte liebt«, ausgeübt.

Wenn ein für einander bestimmtes Paar wiederholt mit Trennungs- oder Schadensmagie belegt wird, kann das katastrophale Folgen haben. Die beiden werden durch die Magie immer wieder getrennt, finden wieder zusammen, werden wieder auseinandergebracht, und das oftmals über Jahre hinweg. Da sie füreinander bestimmt sind, geben diese Paare meist auch nicht auf, um ihre Liebe zu kämpfen, und erleiden Schlimmes.

Vielfach werden auch nahestehende Personen wie Kinder, Verwandtschaft, Freunde negativ gegen den jeweiligen Partner beeinflusst. Alles, was die Beziehung oder Liebe erschweren oder vernichten kann, kann provoziert werden.

Auch kann sich das Paar (eigentlich grundlos) zerstreiten und dann aufgrund der schwarzmagischen Blockaden nicht in der Lage sein, die Situation zu klären. Einer oder sogar beide Partner ziehen sich dann zurück oder melden sich nicht mehr beim anderen, obwohl beide in dieser Zeit unsäglich leiden.

Bei Partnern von Fernbeziehungen, die sich nicht tagtäglich sehen können, entstehen in solchen Fällen schnell Missverständnisse und Distanz. Auch kann mit Magie festgelegt werden, dass die Partner keine Zeit mehr miteinander verbringen können, weil sie ständig anderen Herausforderungen ausgesetzt sind. Für die Partnerschaft bleibt einfach keine Zeit mehr. Und wenn sie sich dann sehen, sind sie völlig ausgepowert. Oder die Wohnung wird schwarzmagisch so belegt, dass sich ein Partner dort nicht mehr wohlfühlt. Das kann bis zu psychischen Problemen gehen, etwa, dass man sich dort beobachtet oder verfolgt fühlt.

Oft ist das Ziel gar nicht mehr, den oder die Begehrte(n) zum Partner zu bekommen, sondern nur noch zu verhindern, dass ein anderer ihn oder sie »bekommt«. Was mit den Betroffenen und ihrem Umfeld passiert, ist den Auftraggebern gleichgültig.

Unvorstellbares kann passieren: Eheschließungen werden vereitelt oder bestehende Ehen zerrüttet, Schwangerschaften und Geburten verhindert sowie schon geborene Kinder mit in die negative Spirale gezogen. Familien werden zerstört, Karrieren erschwert, Existenzen ruiniert und vieles mehr.

Wenn das Ziel, die Partnerschaft zu trennen, nicht erreicht wird, werden die Angriffe immer stärker. Wenn nichts anderes mehr fruchtet und der Hass auf der ausführenden Seite immer größer wird, ist das Ziel oftmals nicht mehr die Trennung der Beziehung, sondern der Tod des unerwünschten Rivalen.

Seelenpartnerschaften

Auch außerordentlich viele Seelenpartnerschaften sind zunehmend von schwarzmagischen Belegungen und Fremdenergien betroffen. Das sind Paare, die vor der Inkarnation in dieses Leben eine Partnerschaft geplant haben. Sie sind »füreinander bestimmt« und haben, wenn jeder der Seelenpartner seine *Lernaufgaben* bearbeitet hat, ein riesiges positives und lichtvolles Potenzial.

Die dunklen Kräfte wollen natürlich unterbinden, dass dieses sich entfaltet. Das Dunkle arbeitet gegen das Helle, und je mehr Licht auf der einen Seite ist, desto mehr »kämpft« das Dunkle dagegen an. Das Leid dieser Menschen, die durch Manipulationen immer wieder mit schwierigsten Problemen und Situationen konfrontiert oder immer wieder getrennt werden, ist unermesslich.

Doch auch hier können die Erfahrungen mit den dunklen Kräften letztendlich zu mehr Heilung und Bewusstsein führen, wenn die Betroffenen sich intensiv mit ihren noch unerlösten Punkten und etwaigem Karma auseinandersetzen und sich uneingeschränkt dem Licht zuwenden

7. Symptome durch Fremdenergien

Fremdenergien in der Aura oder im Körper können vielfältige Symptome sowohl auf körperlicher, psychischer als auch mentaler Ebene verursachen.
Am ehesten machen sich die Auswirkungen an schon vorhandenen Schwachstellen bemerkbar, zum Beispiel bei Erschöpfung, Rückenleiden und Bandscheibenvorfällen. Sehr häufig treten Migräne und stechende Kopfschmerzen auf, ebenso Sehstörungen, die durch eine Brille nicht auszugleichen sind. Auch verschwommenes Sehen ist ein sehr oft anzutreffendes Symptom. Die Augen sind glasig und verschwommen bis trüb.
Häufig kommt es zu starker Trockenheit der Lippen, des Mundes und der Kehle sowie zu Hautausschlägen. Die Gesichtszüge sind oftmals maskenhaft, fahl oder wirken apathisch. Zähne können vereitern und ausfallen, Haare fallen aus. Starke Gewichtszunahme oder -abnahme sind typisch. Häufig sind Schmerzen, für die keine Ursache gefunden werden kann, auf die Einwirkung von Fremdenergien zurückzuführen. Auch plötzlicher Bluthochdruck, Herzversagen und Schlaganfälle kommen vor.

Durch permanenten Energieabzug kann der betroffene Mensch ebenfalls krank bzw. depressiv werden. Auch sexuelle Unlust und Impotenz sind häufig anzutreffen.

Auf der psychischen Ebene ist von leichten bis hin zu schweren psychiatrischen Symptomen alles möglich. Vor allem Konzentrationsschwäche, Depressionen, Angstzustände sowie Misstrauen allem und jedem gegenüber sind oft zu beobachten.

Zerrissenheit, Unberechenbarkeit und unkontrollierbare Gefühlsausbrüche, gesteigerte Aggressivität und Gewaltbereitschaft kommen oft vor, ebenso wie Gefühlskälte, Gefühle des Gefesselt- oder Gelähmtseins oder sich wie eine Marionette fühlen.

Typisch sind außerdem Schlafstörungen, Paranoia, Rastlosigkeit, die Unfähigkeit, Entscheidungen zu treffen (vor allem hilfreiche), Gedächtnisverlust, Veränderungen der Persönlichkeit und des Verhaltens, Süchte, Verwirrtheit bis hin zu psychotischen Zuständen. Manchmal reden die Betroffenen mit ungewohnter Stimme. Akustische und visuelle Halluzinationen sind möglich.

Oft kann man eine plötzlich einsetzende starke Müdigkeit beobachten. Diese tritt auch häufig genau dann ein, wenn man etwas Wichtiges erledigen wollte und wenn diese Aktivitäten den Zielen der schwarzen Magie entgegenstehen und verhindert werden sollen.

Auf der mentalen Ebene finden sich vor allem negative Gedanken(spiralen), Zweifel und Ängste jeglicher Art, Misstrauen, Selbstzweifel, Eifersucht und Hoffnungslosigkeit. Auch böse und hasserfüllte Gedanken sind möglich. Man ist häufig nicht mehr in der Lage, sich auf die wichtigen Dinge im Leben zu konzentrieren, und vergisst die, die man liebt und um die man sich kümmern möchte, weil man selbst so von den negativen Kräften vereinnahmt ist. Die Gedanken kreisen tagelang nur noch um Nebensächliches. Man kann, wie gesagt, in tiefe Depressionen verfallen.

Eine wesentliche und nicht zu unterschätzende Auswirkung von Fremdenergien ist, dass sie Heilungs- und andere Erfolge verhindern und zu Therapieresistenz führen können. Das heißt, keine noch so bewährte Behandlung, ob medizinisch-therapeutisch oder alternativ, schlägt an. Vielfach bleiben Symptome ohne klaren medizinischen Befund.

Symptome nach einem energetischen Angriff

Typische Anzeichen für eine kürzlich erfolgte magische Manipulation sind plötzlich einsetzende, oft stechende Kopfschmerzen, glasige Augen, verschwommenes Sehen, Schwindel, plötzlicher hoher Blutdruck, Benommenheit und Unkonzentriertheit bis hin zur Verwirrtheit.

Man kann kaum einen klaren Gedanken fassen und tut sich schwer, sich an Situationen zu erinnern, vor allem, wenn es zu Auseinandersetzungen kam. Neben Übelkeit und Erbrechen sind plötzlich einsetzende stechende Schmerzen, vor allem im Rücken, möglich.

Oder die Gedanken ändern sich plötzlich sehr ins Negative. Plötzliche große Traurigkeit, Hoffnungslosigkeit,

Ängste, abrupt einsetzende Gefühlskälte oder starke Energielosigkeit können Anzeichen für eine zeitnah erfolgte Manipulation sein. Auf andere wirkt man oft völlig verändert, häufig so, als ob man Drogen genommen habe.

Die häufigsten durch schwarze Magie und Flüche hervorgerufenen Schäden

- Misserfolge im Leben und im Beruf, man wird gemobbt, oder es kommt zur Kündigung
- geschäftsschädigende Ereignisse jeder Art bis hin zum völligen Scheitern
- Verlust von Besitz, Geld sowie der beruflichen Existenz
- finanzielle Sorgen bis hin zur Geldnot
- andauernde Pechsträhne
- Ziele werden nicht erreicht, oder kurz vor Erreichen bricht alles zusammen.
- Schicksalsschläge
- Unerklärliche Dinge passieren, Elektrogeräte und Autos gehen unnatürlich oft kaputt.
- Beziehungsprobleme, ständiger Streit, Trennung
- Beziehungslosigkeit, Sozialkontakte ziehen sich zurück, Vereinsamung
- leichte bis schwere Krankheiten, häufig ohne klare Diagnose, Therapieresistenz
- unerklärliche Schmerzen
- Komplikationen bei Operationen sowie bei invasiven Diagnose- und Behandlungsmethoden

- Schlafstörungen, Albträume, Energieverlust
- psychische Störungen wie Ängste, Verwirrtheit, Depressionen, Süchte und Psychosen
- Häufung von Unfällen

Ängste bei Fremdenergien

Es ist mir wichtig, den Zusammenhang von Angst und Fremdenergien zu verdeutlichen. Denn Angst ist nicht nur generell, sondern auch speziell beim Thema Fremdenergien energetisch sehr schädlich.

Angst schwächt das gesamte energetische System. Sie macht die Aura durchlässig und öffnet jeglichen Eindringlingen und Anhaftungen Tür und Tor. Besonders bei Traumata und Schockerlebnissen haben Fremdenergien ein leichtes Spiel. In dem Moment, wo man sozusagen außer sich ist oder neben sich steht, können die dunklen Energien richtig andocken. Dies ist auch der Fall bei Rauschzuständen durch Drogen oder Alkohol.

Ich weiß, wie schwer es sein kann, von Ängsten loszulassen, wenn man richtig davon gepackt wird. Doch bei Fremdenergien macht Angst alles nur noch schlimmer. Häufig werden Ängste durch die dunklen Energien hervorgerufen, denn schwarze Magie soll immer Ängste erzeugen, damit sie richtig greifen kann. Das können Ängste jeglicher Art sein. Es kommt auf die (Lebens-)Situation, die Persönlichkeit und die Erfahrungen des Betroffenen an, mit welchen Ängsten er jeweils in Resonanz geht. Denn eine gewisse Resonanz im Inneren muss wohl vorhanden sein, damit Fremdenergien die jeweiligen Ängste hervorrufen können. Aber wenn man heilen will und sein Bewusstsein erhöhen möchte, führt kein Weg daran vorbei, sich mit seinen Ängsten auseinanderzusetzen. Durch Energiearbeit und Clearings lösen sich die Ängste häufig von selbst.

Doch bei sehr tief sitzender Problematik sollte man sich nicht scheuen, zusätzlich weitere therapeutische Maßnahmen in Betracht zu ziehen, damit die ungeheilten Punkte, die meistens aus der Kindheit oder aus früheren Leben stammen, ans Licht kommen und heilen können.

Es gibt viele Methoden, an seinen Ängsten zu arbeiten. Ich habe bei der Behandlung von Ängsten sehr gute Erfahrungen mit verschiedenen Formen von Energiearbeit sowie der Arbeit am inneren Kind gemacht.

Für den akuten Fall kann es natürlich sehr hilfreich sein, wenn man Entspannungstechniken oder andere angstlösende bzw. -mildernde Techniken erlernt hat. Vor allem ist es wichtig, in Angstsituationen auf seinen Atem zu achten und tief durchzuatmen. Denn bei Angst hält man normalerweise den Atem an, was die Situation nur noch verschlimmert.

In Bezug auf das Abmildern von Angstzuständen empfehle ich Ihnen die leicht anwendbare Technik der Klopfakupressur »EFT« (Emotional Freedom Technique), auch bekannt unter »Meridianklopfen«, zu erlernen. Es handelt sich dabei um das Klopfen von bestimmten Akupunkturpunkten, die auf den Meridianen liegen. Die Meridiane sind die Bahnen, durch welche unsere Lebensenergie fließt. Durch das Klopfen der Punkte können sich Blockaden lösen, die den Energiefluss behindern.

Ängste stehen oft im Zusammenhang mit den Chakren und können durch die Reinigung und das Lösen von Blockaden in den Energiezentren häufig aufgelöst werden (mehr unter »Blockaden, Chakren und energetische Bänder«). Die im letzten Kapitel vorgestellten Chakra-Meditationen eignen sich gut zur Harmonisierung, Energetisierung und Reinigung der Energiezentren, was auch ein Lösen von Ängsten bewirken kann.

Natürlich können Angst, Unwohlseins oder Misstrauen auch eine Warnfunktion besitzen und uns vor falschen Schritten oder Gefahren schützen. Aber oft ist Angst auch ein schlechter Ratgeber. Aus meiner Erfahrung heraus ist es meistens nicht der richtige Weg, wenn man etwas aus Angst tut oder sich aus Angst zu etwas treiben lässt. Wenn man etwas allerdings trotz Angst macht, seine Angst überwindet oder über seinen Schatten springt, kann einen das oft weiterbringen.

Das Wichtigste im Überblick

- Fremdenergien rufen Ängste hervor.
- Clearings sowie Arbeit mit den Chakren (Reinigung und Blockadelösen) heben Ängste oft auf.
- tief durchatmen in akuten Situationen
- Entspannungstechniken erlernen
- Erlernen von EFT (Meridianklopfen)
- tiefere Ursachen klären und eventuell weitere therapeutische Maßnahmen (z. B. Arbeit am inneren Kind)

8. Fremdenergien auflösen

Das Wichtigste vor jedem Clearing und jeder Auflösungsarbeit ist die genaue Analyse, um welche Fremdenergien es sich handelt. Das wird erfahrungsgemäß häufig nicht gemacht, sondern es wird einfach »drauflosgecleart«. Doch die genaue Bestimmung ist für einen dauerhaften Erfolg sehr wichtig, da die verschiedenen Fremdenergien differenzierter Lösungswege bedürfen.

Ich nenne an dieser Stelle Clearing und Auflösungsarbeit bewusst als zwei Begriffe, denn nur mit den Methoden des klassischen Clearings lässt sich nicht immer alles auflösen. Für bestimmte schwarzmagische Rituale und Voodoo-Zauber braucht es zur Lösung manchmal speziellere Vorgehensweisen und Spezialisten, die sie beherrschen.

Mit einem generellen Vorabclearing mit hochfrequenter Lichtenergie lässt sich jedoch meist erst einmal einige Entlastung bei den Betroffenen erreichen. Dabei wird das Energiesystem der betroffenen Person mit Unterstützung der geistigen Welt mit sehr hoch schwingender Lichtenergie geflutet. Das Clearing-Medium stellt sich als Kanal zur Verfügung. Damit die hoch schwingende Energie durch das Medium fließen kann, muss es selbst schon eine sehr hohe Schwingungsfrequenz und ein damit einhergehendes hohes Bewusstsein besitzen. Das heißt, Lernaufgaben sollten weitgehend bewältigt und Blockaden jeglicher Art gelöst sein. Bei manchen Methoden ruft der Behandelnde auch die reinigende Kraft außerhalb seines eigenen Körpers für das Clearing des Klienten herbei.

Bei leichten Fällen mit nur geringen Anhaftungen kann schon eine der oben beschriebenen Clearing-Sitzungen ausreichen. Meiner Erfahrung nach sind jedoch meist mehrere Behandlungen in kurzen Abständen nötig, um einen dauerhaften Erfolg zu erzielen.

Doch manchmal ist auch das nicht genug. Vor allem bei schwarzer Magie braucht man mitunter viel Ausdauer, und die Auflösungsarbeit kann sich über einen längeren Zeitraum hinziehen. Oftmals wird die Magie regelmäßig wiederholt oder aufgefrischt. Bisweilen sind weitere Ursachen, zum Beispiel karmische, zu finden und zu lösen, oder es sind Besetzungen vorhanden. Dies alles muss bei einer gewissenhaften Auflösungsarbeit beachtet und berücksichtigt werden.

Mitunter lässt sich nicht alles bereinigen, etwa weil noch ein Fluch wirksam ist, der ebenfalls erst aufgelöst werden muss. Wie an anderer Stelle erwähnt, gibt es Flüche, die sich nach Auflösung immer wieder selbst erneuern. Erst wenn das erkannt wird, kann ein dementsprechend versierter Profi die Flüche auflösen.

In manchen Fällen kann man nur langsam und Schritt für Schritt vorgehen, da ein komplettes Auflösen für den Belegten eine zu große Belastung darstellen würde. Dies kann zum Beispiel beim Lösen magischer Bänder der Fall sein: Wenn die Bänder schon lange bestehen, kann der Betroffene daran gewöhnt sein, durch die energetische Verbindung Energie zu bekommen. Das ist vor allem dann möglich, wenn er eine schwache Konstitution hat. In solchen Fällen sollte dem Betroffenen nach dem Lösen der Bänder positive Energie übertragen werden, ggf. auch mehrfach hintereinander.

In wieder anderen Fällen braucht man einen Experten mit hellsichtigen, hellfühligen und hellhörigen Fähigkeiten oder jemanden, der in der Lage ist, Belegungen durch eine Seelenreise aufzulösen. Bisweilen sind auch noch Belegungen aus früheren Leben vorhanden.

Häufig ist es unabdingbar, dass der Klient aktiv mitarbeitet, und in manchen Fällen muss dieser unter Anleitung sogar selbst mit auflösen. Oft muss der Betroffene sich auch zugrunde liegender Mechanismen wie Sabotageprogrammen oder Glaubenssätzen bewusst werden, damit diese gelöst werden können.

Nicht selten kommt es vor, dass Personen trotz mehrmaliger Clearings weiterhin Probleme mit Fremdenergien haben. Manchmal verstärken sich die Symptome sogar. Bei wiederholten schwarzmagischen Angriffen ist ein einmaliges Clearing verständlicherweise nicht ausreichend. Aber auch andere Formen von Fremdenergien können regelmäßig zurückkommen.

Spätestens dann sollte man sich Gedanken darüber machen, welche tieferen Gründe vorliegen. Eventuell könnten ungelöste emotionale Blockaden, unbewusste Selbstsabotageprogramme, Ursachen im Ahnensystem oder karmische Gründe dafür verantwortlich sein. Dies kann mittlerweile mithilfe verschiedener Techniken, zum Beispiel kinesiologischer Muskeltests, sehr gut aufgedeckt und dann angegangen werden. Jeder Fall ist spezifisch und sollte individuell gehandhabt werden.

Es sollte auch erwähnt werden, dass nur gelöst werden kann, was zum jeweiligen Zeitpunkt gelöst werden darf. Das kann wiederum mit den schon erwähnten Lernerfahrungen oder -themen oder mit evtl. vorhandenem Karma der jeweiligen Person zu tun haben. Sollte Ihnen etwas anderes versprochen werden, sollten Sie vorsichtig sein, da das nicht von wirklicher Professionalität zeugt.

Es kommt bei Clearings auch regelmäßig vor, dass erdgebundene Seelen, Dämonen bzw. andere Dunkelwesen nicht entdeckt werden. Oder aber, dass diese vor dem Clearing den Wirt verlassen. Die anhaftenden Wesen hören natürlich die Terminvereinbarung fürs Clearing mit und können zeitnah verschwinden. Nach der Behandlung kehren sie dann zum Betroffenen zurück, was sogar eine vorübergehende Verstärkung der Problematik zur Folge haben kann.

Auch deshalb ist es außerordentlich wichtig, eine Zeit lang nach dem Clearing zu prüfen, ob der Klient noch frei ist, und gegebenenfalls weitere Schritte einzuleiten, falls dies nicht der Fall ist.

Bisweilen werden dämonische Besetzungen beim Clearing aufsässig und wehren sich regelrecht gegen die Behandlung. Das kann für den Betroffenen vorübergehend recht unangenehm werden und erweckt den Anschein, dass das Clearing die Symptome verstärkt. In so einem Fall ist etwas Geduld angesagt. Es wird weiter gecleart, bis die

Besetzung aufgibt und im besten Fall ins Licht transformiert. Dann kommt sie auch nicht mehr zurück. Manchmal gehen Dämonen jedoch auch an ihren Ursprungsort zurück. Astralwesen kehren dagegen meist zurück an den Ort, von dem sie kommen. Mit erdgebundenen Seelen wird üblicherweise gesprochen, und es wird einfühlsam versucht, sie zu überzeugen, ins Licht zu gehen.

Ist ein Clearing erfolgreich abgeschlossen, ist die positive Veränderung des Betroffenen manchmal wie ein Wunder. Er verliert seine Symptome, bekommt sein Leben wieder in den Griff, Lebensmut und Lebensfreude kehren zurück, und Pechsträhnen und Schwierigkeiten enden. Manchmal, vor allem, wenn eine Besetzung vorhanden war, kann dies alles schlagartig passieren, manchmal dauert es einige Tage oder Wochen, bis sich wieder ein einigermaßen normales Befinden einpendelt und stabilisiert.

Fernbehandlung

Grundsätzlich kann jedes Clearing und jede Auflösungsarbeit genau wie jede andere energetische Heilarbeit über Fernbehandlungen stattfinden. Eine Behandlung über die Ferne steht qualitativ der direkten Arbeit vor Ort in nichts nach. Allerdings sollte man bei diesem Aspekt bedenken, dass bei manchen Klienten eine direkte Therapie eher angebracht und möglicherweise auch effektiver sein kann, weil eine Fernbehandlung ihr Vorstellungsvermögen übersteigt. Es ist zwar für den Erfolg nicht unbedingt nötig, dass der Betroffene an die Therapie glaubt, allerdings wirkt sich ein gewisses Vertrauen in die Effektivität der Behandlung sicherlich zusätzlich positiv aus. Außerdem ist eine aktive Mitarbeit, zum Beispiel beim Suchen nach Sabotageprogrammen, beim direkten Kontakt häufig einfacher.

In manchen Fällen wiederum ist es ein Segen, dass über die Ferne gearbeitet werden kann, zum Beispiel bei Besetzungen und massiven psychiatrischen Symptomen, wo es nicht mehr möglich wäre, den Betroffenen dazu zu bewegen, sich in eine Praxis oder anderweitige direkte Behandlung zu begeben. Hier sollte jedoch Wert darauf gelegt werden, dass etwaige Resonanzen abgeklärt werden, da es sonst zu erneuten Anhaftungen kommen kann.

Auch bei langen Anfahrtswegen zum Wunschtherapeuten oder wenn es sehr schnell gehen muss, ist eine Fernbehandlung sinnvoll. Denn bei schweren schwarzmagischen Angriffen kann es um Minuten gehen, die über Leben und Tod entscheiden. Und dies ist nicht als dramatisierende Übertreibung anzusehen. Wer weiß schon, wie viele plötzliche, tödlich endende Herzattacken oder Schlaganfälle auf das Konto schwarzmagischer Anschläge gehen?

Die Umgebung einbeziehen

Bei einem Clearing sollte immer auch Augenmerk auf die Umgebung des Betroffenen gelegt werden. Am besten ist es oft, gleich das ganze Haus bzw. die Wohnung mit allen darin lebenden Personen zu reinigen. Eventuelle Fremdenergien in den Räumen sowie der Mitbewohner können dadurch gelöst werden, die dunklen Energien können sich nicht von einem zum anderen bewegen, und die Schwingung aller beteiligten Personen wird gleichermaßen durch das Clearing erhöht. So schwingt nicht nur eine Person höher, während die anderen auf niedrigeren Frequenzen bleiben, was den Geclearten wiederum negativ beeinflussen kann.

Es ist auch sehr sinnvoll, das oder die Autos der betreffenden Personen mit in das Clearing einzubeziehen, da sich hier ebenfalls häufig schwarzmagische oder andere dunkle Energien befinden. Genauso ist es möglich, bestimmte Bereiche wie zum Beispiel eine magisch hervorgerufene schwierige finanzielle Situation oder Ähnliches explizit mit in ein Clearing einzubeziehen.

Verhalten nach dem Clearing

Sehr wichtig ist das Verhalten nach einem erfolgten Clearing, wobei ich Sie vor allem auf drei Dinge hinweisen möchte. Zum einen ist es von großer Bedeutung, dass man sich gedanklich nicht mehr mit dem, was vorgefallen ist, beschäftigt, sondern loslässt, damit man weiter in seinem Bewusstwerdungs- und Heilungsprozess voranschreiten kann. Das Zweite ist, dass man möglichst keinen Kontakt zu den Personen, die die Magie veranlasst haben, pflegt, sofern man diese kennt. Der dritte Punkt wäre, keinerlei Drogen und möglichst keinen Alkohol zu sich zu nehmen, weil hierdurch die Aura wieder für Fremdenergien geöffnet werden kann. Auch sollte das Rauchen möglichst aufgegeben werden, da es die Aura schwächt.

Außerdem möchte ich darauf hinweisen, dass es bei unsachgemäß ausgeführten spirituellen Einweihungen zu Anhaftungen kommen kann. Hier sollte großes Augenmerk darauf gelegt werden, wer die Einweihung vornimmt. Die gleiche Gefahr gilt für übermäßiges Meditieren, *Channeln* oder Kartenlegen (lassen), wenn die Anbindung nicht passt. Von spiritistischen Sitzungen wie Gläserrücken oder Ähnlichem rate ich dringend ab.

Ich habe jahrelang mit Fremdenergien intensive Erfahrungen in vielen Bereichen gemacht, aber nun weiß ich, wie man sich helfen und helfen lassen kann. Mittlerweile kenne ich Leute, die im Bereich Clearing und Auflösungsarbeit vielleicht zu den Besten zählen und so korrekt arbeiten, dass kein neues Karma entsteht.

Sicher ist es oftmals nicht einfach, sich einzugestehen, dass man schwarzmagisch belegt oder durch Fremdenergien behaftet ist, und sich Hilfe zu suchen. Vor allem, wenn es sich um eine Besetzung handelt. Dann wird die dunkle Kraft im Betroffenen natürlich alles tun, um genau die Schritte, die zur Auflösung führen würden, zu verhindern. Manchmal muss man dann in kleineren Schritten vorgehen, in seltenen Fällen ist Hilfe (noch) nicht möglich.

* * *

Kosten für ein Clearing

Selbst wenn Ihnen im ersten Moment die eventuellen Kosten für ein professionelles Clearing hoch erscheinen mögen: Seien Sie gewiss, diese Investition lohnt sich. Ich kann nur immer wieder aus Erfahrung sprechen.

Ein wirklich gutes Clearing-Medium hat meist eine lange Ausbildung hinter sich und hat somit auch eine angemessene Entlohnung verdient. Das ist meine Meinung. Wobei es nicht heißen muss, dass ein hoher Preis auch unbedingt gute Arbeit verspricht. Es gibt auch hier, wie überall im spirituellen Bereich, schwarze Schafe.

Auf der anderen Seite gibt es sicherlich auch hervorragende Leute, die auf Spendenbasis oder sogar umsonst arbeiten, wenn sie es sich leisten können. Häufig wird es auch so gehandhabt, dass Menschen mit geringem Einkommen Sonderpreise oder Ratenzahlungen erfragen können. Manche Behandler pendeln den Preis auch aus oder verlangen von betuchten Klienten mehr und von Personen, die kein Geld haben, sehr wenig. Geldnöte können auch manipuliert sein, damit man sich keine Auflösung mehr leisten kann.

Üblicherweise liegen die Kosten für eine Analyse der Belastung bei ca. 50 Euro und die einer Behandlungsstunde im Bereich zwischen 60 Euro und 100 Euro. Meist bekommt man bei mehreren Sitzungen oder Behandlungen über längere Zeiträume Rabatt. Manche Behandler haben auch Festpreise, sodass die Kosten für eine einfache Fluchauflösung zum Beispiel um die 100 oder 150 Euro betragen. Oder es wird ein Preis für die Gesamtbehandlung vereinbart. Diese umfasst dann das komplette Clearing, zum Beispiel inklusive der Umgebung.

Da der Umfang von Clearings jedoch individuell sehr differieren kann, ist ein finaler Preis sehr schwer zu nennen. Ein leichtes Clearing kann ein bis zwei Stunden umfassen und mit 100 Euro zu Buche schlagen, ein sehr umfangreiches Clearing über einen längeren Zeitraum, womöglich mit mehreren Beteiligten, kann auch 500 Euro oder mehr kosten. Die Preise für die Reinigung von Wohnungen, Häusern und Grundstücken hängen von deren Größe und vom Aufwand ab. Für eine Wohnung mit 50 Quadratmetern sollte man ca. 150 Euro für eine Reinigung über die Ferne und ca. 200 Euro plus Anfahrtskosten für ein Clearing vor Ort rechnen. Für ein großes Haus dementsprechend ca. 350 bzw. 450 Euro.

Ich kann Ihnen jedenfalls nur ans Herz legen, professionell auflösen zu lassen – durch schwarze Magie werden auch sehr häufig finanzielle Probleme verursacht, die Ausgabe ist also rentabel. Durch ein erfolgreiches Clearing verbessert sich auch häufig die finanzielle Situation wieder, von der generellen Lebensqualität ganz zu schweigen.

Allerdings ist es auch wichtig zu schauen, wo die Resonanzfelder für die Anhaftungen liegen, um daran zu arbeiten und zu wachsen. Denn: Je mehr man mit sich selbst im Reinen ist und je höher das Bewusstsein sowie die Eigenschwingung sind, desto schwieriger wird es für Angriffe, Anhaftungen und Ähnliches.

* * *

Warnungen

Wenn Sie eine Auflösung von Fremdenergien oder schwarzmagischer Belegung in Betracht ziehen, achten Sie bitte sehr genau darauf, wen Sie damit beauftragen. Denn hier wird leider nicht immer korrekt gearbeitet, was sicherlich auch häufig aus Unwissenheit geschieht. So wird zum Beispiel immer noch »zurückgeschickt«, das heißt, die Magie wird an den Absender zurückgegeben.

Es mag bisweilen verständlich sein, dass diese Vorgehensweise Geschädigten sogar recht ist, es klingt ja auch »gerecht«. Aber es ist eine veraltete Technik, die nicht mehr angewendet werden sollte, da sie, wenn man es genau nimmt, selbst dem schwarzmagischen Bereich zuzuordnen ist. Bei dieser Methode wird die Magie von der angegriffenen Person abgelöst und zur auftraggebenden Person (oder den selbst ausführenden Laien) zurückgesandt. Dabei wird sogar unter Umständen deren Schutz, wenn vorhanden, aufgehoben, damit die Magie, die beim Angegriffenen entfernt wird, beim ehemaligen Absender richtig greifen kann. Falls ein Profimagier am Werk war, wird sich dieser so gut zu schützen wissen, dass ihm nichts passiert, sodass in diesem Fall alles auf den Auftraggeber zurückgeht (weil die negative Energie beim Magier abprallt). Und falls dieser ebenso ausreichend geschützt ist, auf dessen Umgebung. Es besteht außerdem die Gefahr, dass es zu einem Pingpongeffekt kommt, wenn die andere Seite das Vorgehen bemerkt. Als Pingpongeffekt wird ein magischer Kampf bezeichnet. Dieser kann sich nicht nur endlos in die Länge ziehen und immer aggressiver und gefährlicher werden, sondern lässt auch noch auf beiden Seiten weiteres negatives Karma entstehen. Der anfangs Angegriffene wird somit selbst zum Angreifer, das Opfer zum Täter.

Es gibt magisch Praktizierende oder mit Auflösungsarbeit vertraute Personen, die die Technik des Zurückschickens (noch) ausüben, jedoch nicht aus bösem Willen, sondern weil sie sich der damit verbundenen Gefahren nicht bewusst sind. Seien Sie also vorsichtig, und fragen Sie vorher, welche Technik bei einer Auflösungsarbeit angewendet wird.

Bei unkorrekter Auflösung besteht die auch Gefahr, dass die aufgelösten negativen Energien über die energetischen Bänder auf andere nahestehende Personen oder auf Haustiere im gleichen Raum/Haus/Wohnung übergehen können. Vor allem, wenn diese ungeschützt, krank oder durch andere Ursachen labil sind.

Eine gute Auflösung sollte immer unter ausreichenden Schutzmaßnahmen stattfinden, und es sollte soweit wie möglich mit hochfrequenter Lichtenergie gearbeitet und transformiert werden. Es gibt Menschen, die in der Lage sind und das Wissen und die Erfahrung haben, so einwandfrei zu arbeiten, sodass keine negative Energie unkontrolliert irgendwohin entweicht oder zum Beispiel eine Besetzung von einem zum anderen wandert. Leider gibt es aber, wie schon erwähnt, viele, die sich hier überschätzen bzw. die Energien unterschätzen und nicht gewissenhaft arbeiten. Oder deren Wissen über korrekte Befreiungsarbeit unvollständig ist. Sich in solche Hände zu begeben kann durchaus gefährlich werden.

Auch ist es riskant, wenn die Eigenschwingung des Behandlers nicht ausreichend hoch ist. Das kann vor allem bei dämonischen Besetzungen sogar zu einer gravierenden Verschlimmerung der Symptome führen, weil sozusagen »angecleart« wird, aber nicht vollständig transformiert. Dämonen sind hochintelligente Wesenheiten, die sich durch mangelhafte Techniken herausgefordert fühlen können und dann erst richtig »aufdrehen«.

Esoterische Lebensberatung und Fremdenergien

Dass bei Süchten Fremdenergien oftmals eine große Rolle spielen, habe ich bereits erwähnt. So sind diese auch häufig daran beteiligt, wenn Betroffene in eine Abhängigkeit von esoterischen Angeboten wie Kartenlegen und Wahrsagenlassen, geraten. Auf den zahlreichen esoterischen Beraterportalen im Internet oder im Fernsehen vertelefonieren manche Hilfesuchenden große Geldsummen oder verschulden sich. So schaden sie sich zusätzlich sowohl psychisch als auch in ihrer geistigen Urteils- und Entscheidungskraft.

Nur sehr wenige Berater der Portale sind in der Lage, schwarze Magie zuverlässig in den Karten zu erkennen, was zu gravierenden Falschaussagen führen kann. Ein Kartenbild ist veränderlich und vor allem bei schwarzmagischen Belastungen, und insbesondere bei wiederholten Anschlägen und Manipulationen sind die Legungen instabil. Bei jedem neuen Angriff stellt sich das Bild wieder gänzlich anders dar, was den Hilfesuchenden stark verunsichern und dazu führen kann, dass er sich übermäßig oft die Karten legen lässt.

Wenn man Karten legen lassen möchte, dann sollte man sich zumindest an einen Berater wenden, der sich mit Magie auskennt und diese in den Karten sieht. Aber auch hier warne ich vor Maßlosigkeit. Denn für eine höhere Schwingung und ein höheres Bewusstsein ist es außerordentlich wichtig, Vertrauen zu entwickeln. Ein weiterer Punkt ist, dass die schwarze Magie Einfluss auf die Beratung nehmen kann oder bei einer Besetzung der Dämon selbst gechannelt wird. Somit kann es zu irreführenden oder Angst erzeugenden Mitteilungen kommen, selbst wenn es sich beim Berater oder bei der Beraterin um ein ansonsten fähiges Medium handelt.

Ich möchte die Möglichkeit der Lebensberatung, welche durch diese Portale geboten wird, nicht grundsätzlich verurteilen, da viele Menschen hier Hilfe finden können. Allerdings sollte man sich dennoch bewusst sein, dass der Berater seine eigene Meinung oder Erfahrung einfließen lässt oder zumindest einfließen lassen kann und womöglich falsche Ratschläge gibt. Wenn aus Angst dann auch noch verschiedene Berater zum gleichen Thema befragt werden, läuft man große Gefahr, verwirrt zu werden. Oder mehr darüber nachzudenken, was in diesen Gesprächen gesagt wurde, als seine eigene Wahrnehmung und Intuition anhand der Wirklichkeit zu schulen.

9. Behandeln ohne Erlaubnis?

Noch einmal zur Erinnerung: Alles, was ohne das Wissen bzw. das Einverständnis Betroffener praktiziert wird, gehört in den Bereich der schwarzen Magie!

Doch einige Heiler sind der Ansicht, dass auch ohne das Wissen oder die explizite Zustimmung ein Betroffener vor weiteren Angriffen geschützt werden darf. Vor allem, wenn die Person so stark in Mitleidenschaft gezogenen ist, dass sie keine für sie hilfreiche Entscheidung mehr treffen kann.

Meines Erachtens sollte in so einem Fall der Betreffende zumindest auf der energetischen Ebene die Erlaubnis für den Schutz erteilen. Dies kann über das *höhere Selbst* des Betroffenen abgefragt werden. Das Gleiche gilt für die Auflösungsarbeit von Fremdenergien und schwarzer Magie bei einer Person, die nicht mehr in der Lage ist, eine entsprechende Entscheidung zu treffen.

Wenn jemand allerdings Hilfe definitiv ablehnt, sollte dies respektiert werden. Auch wenn eine Behandlung sinnvoll wäre und dem Betreffenden Heilung bringen könnte, muss der freie Wille geachtet werden.

Es ist allerdings erlaubt, Blockaden zwischen zwei Personen zu lösen, auch wenn nur einer der Beteiligten davon weiß oder es wünscht. Das Gleiche gilt für das Reinigen von Bändern oder Lösen von unerwünschten Schnüren zwischen zwei Personen. Auch darf eine Beziehung unter solchen Voraussetzungen gecleart werden. Energetische Arbeit an einer Beziehung, bei denen keiner der Beteiligten davon weiß, darf allerdings nicht erfolgen.

Kinder dürfen ebenfalls, ohne dass man sie fragt, energetisch behandelt und gereinigt werden. Hier liegt die Verantwortung bei den Eltern. Auch werden bei Clearings häufig die Wohnung oder das Haus mit den darin befindlichen Personen und Tieren gereinigt. Hier muss auch nicht unbedingt von jedem der Bewohner das Einverständnis eingeholt werden. Bei korrekter Vorgehensweise wird sowieso immer »zum höchsten Wohle aller Beteiligten« gecleart.

Weißmagische Rituale

Weißmagische Rituale können sehr effektiv sein. Doch auch bei ihrer Anwendung ist Vorsicht geboten, und sie sollten niemals leichtfertig praktiziert oder in Auftrag gegeben werden. Selbst wenn es sich dabei eindeutig um weiße Magie handelt und keine anderen Personen beteiligt sind. Denn weißmagische Rituale sollten nur in Abstimmung und in Einklang mit dem Lebensplan vorgenommen werden. Vor der Ausführung eines solchen Rituals sollte immer von einer hierzu befähigten Person abgefragt werden, ob dafür die Erlaubnis besteht.

Für diese Abfrage gibt es unter anderem die Möglichkeit, sich an den sogenannten Karmischen Rat zu wenden, den Zusammenschluss von erleuchteten Lichtwesen, die über die *Akasha-Chronik* wachen. In der Akasha-Chronik sind unter anderem unsere Lebenspläne festgeschrieben.

Beim Karmischen Rat kann man abfragen, ob die Erlaubnis für bestimmte Rituale erteilt wird, etwa für Menschen, die sich lieben, aber aus irgendwelchen Gründen (oft durch schwarzmagische Manipulationen Dritter) nicht oder nicht mehr zusammenfinden, obwohl sie füreinander bestimmt sind und ihr Lebensplan eine Partnerschaft vorsieht. Mit einem weißmagischen Ritual kann angestoßen werden, dass die Betroffenen wieder zusammenkommen.

Doch das sollte möglichst nur dann veranlasst werden, wenn keine schwarzmagischen Manipulationen von dritter Seite mehr stattfinden. Sollte dies der Fall sein und man möchte das Ritual dennoch ausführen lassen, muss zumindest für ausreichend Reinigung und Schutz gesorgt werden. Sonst könnten negative Energien zwischen den beteiligten Partnern hin und her fließen. So könnte unter Umständen auch der stabilere Partner destabilisiert werden, was sich wiederum negativ auf die Verbindung auswirkt.

Übrigens ist es grundsätzlich so, dass bei einem Partnerritual über das energetische Band negative Energien zum Auftraggeber herüberschwappen können, wenn das Ritual auf jemanden veranlasst wird, der schwarzmagisch belegt ist oder angegriffen wird. Durch die Intensivierung der natürlichen Verbindung gilt das auch, wie bereits erwähnt, für ein weißmagisches Ritual.

Bevor man ein weißmagisches Ritual veranlasst, sollte dies alles individuell abgeklärt werden. Wenn Sie in so einem Fall Hilfe benötigen, kann ich Ihnen jemanden nennen, der alles prüft und auch eine Abfrage beim Karmischen Rat stellt. Gegebenenfalls wird dann die Erlaubnis für das Ritual erteilt.

Ebenso kann hier auch die Erlaubnis für weitere weißmagische Rituale erfragt werden, um zum Beispiel Glück, Erfolg oder auch Geld ins Leben zu ziehen. Wenn die Lernaufgaben dafür erledigt sind, bestehen gute Aussichten, ein solches Ritual durchführen lassen zu dürfen. Selbstverständlich kann es auch vorkommen, dass die Erlaubnis für ein solches Ritual nicht erteilt wird. Diese Entscheidung des Karmischen Rates sollte dann akzeptiert und respektiert werden.

10. Exkurs:
Nach einer langen Pause

Meine Hündin Fehde

Nachdem ich den ersten Teil des Manuskripts geschrieben hatte, musste ich ein halbes Jahr pausieren. Ein halbes Jahr, in dem wieder sehr viel passiert ist.

Die Frauen, die nach wie vor mit schwarzer Magie gegen mich und meinen Partner arbeiten, haben wieder viel Unheil angerichtet. Meine geliebte Hündin Fehde wurde durch einen schwarzmagischen Angriff, der mir galt, getötet. Die späte Erkenntnis, dass mein geliebter Hund nicht ausreichend geschützt war, schmerzt mich immer noch.

Ich selbst war zu diesem Zeitpunkt energetisch wohl so gut geschützt, dass ich die Angriffe zwar bemerkte, aber die Stärke nicht richtig einordnete. Diese gingen dann auf meine Umgebung über. Zu spät wurde mir klar, warum meine Hündin nicht mehr von meiner Seite wich und sich die letzten Tage möglichst ganz nah an meinem Körper aufhielt. Sie wollte mit in den Schutz meiner Aura. Der Angriff und der Tod meiner Hündin waren so grausam, dass ich ihn nicht beschreiben kann.

Erst später wurde mir alles klar, und ich wusste, dass meine Hündin demselben Anschlag erlegen war, wie ich ihn sieben Monate vorher abbekommen hatte, bei dem ich aber schnelle Hilfe gefunden hatte. Ich wusste nun also, was mit meiner Hündin passiert war.

Im Sommer des vergangenen Jahres wollte mich die Frau, die mich aus Eifersucht unendlich hasst und die im Laufe der Jahre wohl zur regelrechten Schwarzmagierin geworden war, endlich ausschalten und »um die Ecke bringen«. Als der Angriff mich an einem Samstagabend im August traf, bekam ich nach anfänglich stechenden Nackenschmerzen Kopfschmerzen, die schnell so schlimm wurden, dass ich mich sofort um Hilfe bemühte. Zu meinem Glück erreichte ich eine Bekannte, die den Anschlag ziemlich schnell in den Griff bekam und mir somit mein Leben rettete. Sie wehrte stundenlang weitere Angriffe ab. Mir ging es in dieser Nacht sehr, sehr schlecht, und ich fühlte mich vergiftet. Es war, als ob mir jemand einen Becher reines Gift verabreicht hätte.

Drei Tage lag ich mit flatternden Nerven im Bett und fühlte mich gleichzeitig wie gelähmt, bis ich mich langsam wieder erholte. Hätte ich meine Bekannte nicht sofort erreicht und hätte sie den schwarzmagischen Anschlag nicht sofort neutralisiert, hätte ich am nächsten Tag tot im Bett gelegen. Dessen bin ich mir sicher. Wahrscheinlich mit Herzversagen. So wie meine Hündin.

Meinen Hund hat eine andere Frau auf dem Gewissen. Zu diesem Zeitpunkt kamen Angriffe von drei verschiedenen Frauen. Diejenige, die meinen Hund getötet hat, kenne ich. Sie hat immer wieder Trennungsrituale und Voodoo-Zauber auf meinen Partner und mich gerichtet.

So schwer und langwierig es auch ist, ich lerne immer mehr auf dem Gebiet der schwarzen Magie dazu. Mir wurde noch klarer, wie gefährlich sie sein kann. Ebenso zeigte sich immer klarer, dass die Umgebung in jeglicher Form davon betroffen sein kann. Auch habe ich erneut wichtige Erkenntnisse über das Thema Schutz erlangt. Mein Gespür in Bezug auf Fremdenergien wird immer sensibler. Denn Fremdenergien sowie schwarzmagische Einwirkungen können sich auf vielfältige Weise zeigen.

Aus meinem Tagebuch

Heute ist der 19. März 2016. Ich habe seit einem Vierteljahr nicht mehr an meinem Buch gearbeitet. Im Dezember habe ich so viel geschrieben, seit Januar jedoch ging es rund. Es fanden fast durchgehend schwere schwarzmagische Angriffe auf mich und meine Umgebung statt. Zwei bis drei Personen arbeiteten stark gegen mich, und alle Pläne für eine positive Veränderung wurden vereitelt. Erneut ging ein Haus verloren, das ich zusammen mit meinem Seelenpartner, meinem Sohn und den Tieren bekommen sollte. Mein Bruder erlag fast den Komplikationen einer Operation. Eine Prüfung, die mein Sohn ablegte, wurde massiv gestört. Sogar der Umzug in die Wohnung am Wald sollte verhindert werden. In letzter Minute konnte ich die Situation noch clearen, sodass wir den Mietvertrag doch noch bekamen. Auch soll, denke ich, verhindert werden, dass ich das Buch weiterschreibe. Mit allen Mittel wurde erneut versucht, mein Leben massiv zu stören. Ich war wieder mal nur dabei, Steine aus dem Weg zu räumen. Während dieser Zeit erkrankte Fehde an einem Infekt. Genau an dem Tag, an dem wirklich alles kollabierte und ich eine Freundin, die ebenfalls von schwarzer Magie befreien kann, einschaltete, entspannte sich die Situation kurz. Ich bekam die Wohnung, der Zustand meines Bruders im Krankenhaus stabilisierte sich, und die Medikamente für meine Hündin schlugen gut an, sodass sie schnell fast wieder gesund war.

Vor vier Tagen dann, am 15. März, passierte etwas, was alles Bisherige infrage stellt. Meine über alles geliebte hellfühlige Hündin wurde durch einen schwarzmagischen Angriff getötet. Seit vier Tagen wird mir alles immer klarer. Ich sehe immer deutlicher, was in den letzten drei Monaten schon wieder passiert ist in meinem Leben und in den Leben der mir nahestehenden Personen. Nun musste ich meine geliebte Hündin begraben ...

11. Blockaden, Chakren und energetische Bänder

Blockaden sind ein sehr beliebtes Mittel in der schwarzen Magie. Diese können auf alle möglichen Personen, Umstände, Dinge oder Ziele gelegt werden. So werden zum Beispiel durch Blockaden wichtige Reisen, Nachrichten, Gespräche oder Geschäftsabschlüsse verhindert. Ebenso können Gefühle, die Lebenskraft, Sozialkontakte, Erfolg oder die Finanzen blockiert werden. Es kann eigentlich alles blockiert werden, was für das Erreichen des anvisierten magischen Zieles hinderlich sein könnte. Durch negative Gedanken und Ängste sowie unverarbeitete, belastende Emotionen des Betreffenden können diese Blockaden noch verstärkt werden. Es ist auch beliebt, die Chakren von Betroffenen oder Beteiligten zu blockieren, um bestimmte Qualitäten der Lebenskraft zu entziehen.

Ich empfehle Ihnen, sich mit den Chakren zu befassen und mithilfe von Übungen energetisch mit ihnen zu arbeiten. Das Kapitel »Visionen und Meditationen« beinhaltet zwei Chakren-Meditationen, eine Chakren-Reinigungsmeditation sowie einige Visualisierungsübungen.

Die Chakren

Der Name Chakra stammt aus dem Sanskrit und bedeutet Rad aus Licht. Die Chakren sind die Energiezentren in Form von kegelförmigen Doppelwirbeln (nach vorne und hinten gerichtet), die unseren Körper mit Energie von außen versorgen. Diese Energie wird entlang des Hauptkraftstroms an der Wirbelsäule im ganzen Körper und Energiekörper verteilt, ebenso wie über feine Energiekanäle (Nadis), welche die Chakren miteinander verbinden.

Im Idealfall, wenn alle Chakren sauber sowie gut und gleichmäßig entwickelt und versorgt sind, ergeben sie ein harmonisches Miteinander.

Arbeitet ein Chakra nicht einwandfrei, weil es verschmutzt oder auch blockiert ist, so treten Störungen im natürlichen Energiefluss auf, die sich vom unangenehmen Gefühl bis hin zur Krankheit äußern können. Diese Dysbalance kann auch auf einen (oder mehrere) Lebensbereich(e) hinweisen, wo der Betroffene noch Aufgaben zu bewältigen hat.

Wurzelchakra

Sitz: zwischen den Beinen am unteren Ende der Wirbelsäule
Themen: Vertrauen, Urvertrauen, Sicherheit, Überleben, Lebenswille und Lebensmut, Verwurzelung und Erdung, Stabilität, Materie, Geld und Besitz

Blockierter Zustand: Unsicherheit, Zweifel und Selbstzweifel, die Unfähigkeit, etwas Vergangenes loszulassen, fehlendes Urvertrauen, Misstrauen, Zukunfts- und Existenzängste
Mögliche Reaktionen: Erschöpfung, man friert leicht, Verdauungsprobleme, Phobien, Blutdruckschwankungen, allergische Beschwerden

Sakralchakra

Sitz: eine Handbreit unter dem Nabel
Themen: Emotionalität, Lebensfreude, Sexualität, körperliche Empfindungen und Gefühle, Bedürfnisse, Sinnlichkeit, sexuelle Lust
Blockierter Zustand: Egoismus, Schwierigkeiten in der Kommunikation mit anderen, seelische Kraftlosigkeit, Schuldgefühle, Eifersucht, Sucht, blockierte sexuelle Energie
Mögliche Reaktionen: sexuelle Blockaden, Blasen- und Nierenprobleme, Schmerzen in Lendenwirbelsäule und Hüfte, mangelnde Entgiftung

Solarplexuschakra

Sitz: drei Finger über dem Nabel
Themen: Wille, Durchsetzungskraft, Macht, innere Kraft, Träume zu leben, Selbstfürsorge, Selbstvertrauen, Tatkraft, spirituelle Kraft

Blockierter Zustand: mangelnde Selbstachtung, Gefühle der Hoffnungslosigkeit und Ohnmacht, Zweifel, Durchsetzungsprobleme
Mögliche Reaktionen: Schlafstörungen, Albträume, Essprobleme, Magenprobleme, wenig Energie

Herzchakra

Sitz: in der Mitte der Brust
Themen: Liebe, Beziehungen, Mitgefühl, Toleranz, Verantwortung übernehmen, Seelenkraft, Sanftmut, Güte, Offenheit, Akzeptanz
Blockierter Zustand: Schwierigkeiten, seine Gefühle auszudrücken, mangelnde Empathie, Gefühlskälte, Depression
Mögliche Reaktionen: Atembeschwerden, Hauterkrankungen, Ischias

Halschakra

Sitz: Kehlkopfbereich
Themen: Kommunikation, Selbstausdruck, Individualität, Wahrheit, mentale Kraft
Blockierter Zustand: Enttäuschung und die Unfähigkeit, seine innere Wahrheit auszudrücken, erschwerter Zugang zur Intuition, Schüchternheit
Mögliche Reaktionen: Halsverspannungen, Schilddrüsenprobleme, Sprachstörungen, Mund-, Zahn- und Kieferprobleme

Stirnchakra

Sitz: zwischen den Augenbrauen
Themen: Selbstverwirklichung, Intuition, Konzentration, Träume und Visionen erkennen, Hellsicht, Weisheit, Fantasie
Blockierter Zustand: Konzentrationsprobleme, Leben in einer unrealistischen Traumwelt, Unfähigkeit, die Welt anzunehmen, wie sie ist, Ängste, Stimmungstiefs, Fantasielosigkeit, unruhiger Geist, Aberglauben, Lernschwäche
Mögliche Reaktionen: Kopfschmerzen/Migräne, geistige Verwirrung, Sehstörungen

Kronen-/Scheitelchakra

Sitz: in der Mitte der Schädeldecke
Themen: Erkenntnis, Selbsterkenntnis, kosmisches Bewusstsein, Spiritualität, Einheit, Glaube, Gottvertrauen
Blockierter Zustand: Eigensinn, Sturheit, Entfremdung von anderen

Verschmutzung der Chakren durch Ängste

Ängste, die mit den jeweiligen Themen eines Chakras in Zusammenhang stehen, lassen es schrumpfen und schwächen und verschmutzen es.
Wurzelchakra: Existenzängste, Ängste bezüglich der Erfüllung materieller Bedürfnisse, Geld

Sakralchakra: Ängste bezüglich des Körpers oder der Sexualität, Gewicht, Aussehen, Gesundheit, Verlustangst, Eifersucht, Schuldgefühle
Solarplexuschakra: Angst, große Macht zu haben, Angst vor Kontrolle oder Kontrollverlust
Herzchakra: Ängste bezüglich des Gebens und Empfangens von Liebe
Halschakra: Ängste bezüglich Kommunikation
Stirnchakra: Ängste bezüglich Visionen, erweiterter Wahrnehmung
Kronenchakra: Ängste bzw. Bitterkeit gegenüber der göttlichen Führung

Vergrößerung der Chakren

Übermäßige Beschäftigung mit den spezifischen Themen eines bestimmten Chakras, auch als Kompensation aufgrund von schwarzmagischen Blockaden dieses Energiezentrums, können dieses extrem vergrößern.
Wurzelchakra: eine zwanghafte Beschäftigung mit Geld und Besitz (typisch Workaholic)
Sakralchakra: übermäßige Beschäftigung mit dem Körper, Aussehen, Genuss bis zur Sucht
Solarplexuschakra: Machthunger
Herzchakra: süchtig machende Beziehungen, Co-Abhängigkeit (Chakra groß und schmutzig)
Halschakra: obsessive Kommunikation
Stirn- und Kronenchakra: obsessive Beschäftigung mit spirituellen Themen

Alle Chakren sollten harmonisch und möglichst gleich groß und stark sein. Keines der Chakren soll wesentlich größer als die anderen sein, sonst entsteht ein Ungleichgewicht.

Das Wurzelchakra verbindet uns mit der Erde, das Kronenchakra mit dem höheren Selbst. Es ist sehr wichtig, dass wir gut geerdet sind, das heißt fest auf dem Boden stehen und verankert sind, sonst kann es uns schwerfallen, die Energien der höheren Ebenen in unser alltägliches Leben zu integrieren. Wenn die sechs unteren Chakren harmonisch im Fluss sind, öffnet sich das siebte, das Kronenchakra.

Manipulation der Chakren

Wie bereits erwähnt, werden häufig die Chakren der Betroffenen durch schwarzmagische Praktiken manipuliert und blockiert, je nachdem, was die Magie erreichen will.

So wird zum Beispiel das Wurzelchakra blockiert, damit der Betroffene den Boden unter den Füßen verliert und sich und jedem anderen nur noch mit Misstrauen begegnet.

Sehr häufig wird, vor allem aus Eifersucht, auch das Sakralchakra blockiert, sodass sexuelle Lust und Kraft versiegen. Bei einem Liebeszauber dagegen wird das Sakralchakra manipulativ aktiviert. Das Begehren wird dabei auf das »andere Ende« des Liebeszauber-Bandes gerichtet. Um den Erfolg einer Person zu verhindern oder ihre spirituelle Kraft zu blockieren, wird das Solarplexuschakra manipuliert.

Wenn Gefühle erkalten sollen, wird das Herzchakra blockiert. Ein blockiertes Halschakra sorgt dafür, dass die Kommunikation abbricht. Das Stirnchakra wird manipuliert, indem man telepathisch die Gedanken einer Person beeinflusst, zum Beispiel Misstrauen sät oder den Betroffenen so verwirrt, dass er nicht mehr denken und arbeiten kann. Manchmal sind die Auswirkungen so gravierend, dass der Betroffene kaum noch in der Lage ist, seinen Alltag zu bewältigen.

Diese Technik wird oft angewendet bei Trennungsmagie, um eine bestehende Partnerschaft aus dem Weg zu räumen. So können negative Gedanken und letztendlich auch negative Gefühle gegenüber dem Partner gesät werden.

Dies sind nur einige Beispiele, die keinen Anspruch auf Vollständigkeit erheben, sondern lediglich einen Einblick geben sollen, was schwarzmagische Manipulationen der Chakren alles bewirken können.

Diese Blockaden lassen sich jedoch mit Clearings in der Regel relativ einfach lösen. Sehr tief sitzende Blockaden können mit einer speziellen Blockadelösung angegangen und aufgelöst werden. Sind Chakren durch jahrelange Blockaden und die damit einhergehenden Schwierigkeiten völlig verschmutzt und in der Funktion sehr eingeschränkt, dann sind eventuell mehrere Reinigungen und gegebenenfalls auch noch andere energetische Behandlungen sinnvoll.

Wenn dann zum Beispiel ein ehemals blockiertes dunkles Herzchakra wieder sauber und klar strahlt, ist es einfach wundervoll zu sehen, wie der betroffene Mensch sich aus Depressionen und Einsamkeit befreit und wieder positiver, herzlicher und zugewandter wird.

Energetische Bänder und Schnüre

Durch Kontakte zwischen Menschen entstehen auf natürliche Weise energetische Verbindungen zwischen deren Chakren, unter anderem in Form von Bändern oder Schnüren. Je intensiver der Kontakt, desto stärker die Bänder, die auch zu oder zwischen Tieren vorhanden sein können. Diese energetischen Bänder können sehr positiv für die Betreffenden sein, zum Beispiel bei einer liebevollen Herz-zu-Herz-Verbindung. Es gibt aber auch belastende energetische Bänder, zum Beispiel zu Expartnern, die nicht losgelassen werden können.

Diese Bänder können mit diversen Techniken gelöst und die betreffenden Personen energetisch befreit werden. Im Anhang stelle ich eine Methode dafür vor, die Sie auch selbst ausführen können.

Allerdings gibt es auch die Möglichkeit, mit Magie künstliche Bänder zwischen den Energiezentren von Personen zu legen. Das künstlich gelegte Band, das ich im Kapitel »Liebeszauber« beschrieben habe, wird von der Person, die den Liebeszauber macht bzw. machen lässt, zum Beispiel zum Sakral- oder Sexualchakra des Begehrten gelegt.

Bei Menschen, die sich wirklich lieben, besteht immer ein Band von Herz zu Herz. Oftmals wird aber versucht, dieses schwarzmagisch zu trennen.

12. Die Aura

Der Begriff *Aura* stammt aus dem Griechischen und bedeutet Luft oder Windhauch. Zu allem Lebendigen, einschließlich des menschlichen Körpers, gehört eine Aura: Sie ist ein elektromagnetisches Energiefeld um den Körper herum.

Die Ausdehnung der Aura hängt vom Entwicklungsgrad und der Seelenstruktur des einzelnen Menschen ab. Sie kann sich zusammenziehen (bei Angst oder Stress) oder sich ausdehnen (bei Freude). Auch ihre Farben sind veränderlich, je nach Stimmung, Gedanken und Gefühlslage. Die Aura spirituell hoch entwickelter Menschen kann sehr weit reichen, und ihre Farben können strahlend rein sein.

Die Schichten der Aura

Die Aura besteht aus fünf Schichten, den sogenannten Energiekörpern. Sie gehen ineinander über, werden nach außen hin immer feinstofflicher und korrespondieren mit den Chakren.

Der Ätherkörper

ist der Energiekörper, der den physischen Körper durchdringt und sich ca. 5 cm über diesen hinaus ausdehnt. Er weist die gleiche Struktur auf wie der physische Körper, jedoch ist seine Schwingungsfrequenz höher. Im Ätherkörper ist die Blaupause, der ursprüngliche Bauplan des physischen Körpers, gespeichert.

Der Emotionalkörper

durchdringt sowohl den physischen als auch den Ätherkörper und repräsentiert und spiegelt unsere Gefühle in Form von Energiewölkchen unterschiedlicher Farbe. Bei klaren und positiven Gefühlen strahlen diese Farben, bei verwirrten sind sie trüb. Negative Gefühle erscheinen als dunkle Wölkchen. Hier befindet sich auch der Schmerzkörper, in dem alle seelischen Verletzungen gespeichert sind.

Der Mentalkörper

umschließt den Emotionalkörper sowie alle darunterliegenden Schichten und steht mit unseren Gedanken in Beziehung. Hier sind unsere Wünsche, Erinnerungen und unzählige Eindrücke gespeichert. Vorstellungen, Verhaltensmuster, Reaktionen, Bewertungen sowie bewusste und unbewusste Denkprozesse und finden sich hier. Positive

Gedanken energetisieren und stärken den Mentalkörper, negative Gedanken verdunkeln und schwächen ihn. Der Emotionalkörper (Gefühle) und der Mentalkörper (Gedanken) stehen in direkter Beziehung zueinander und ergänzen oder behindern sich gegenseitig. Wenn der Mentalkörper in Balance ist, können Intuition und Rationalität gut kooperieren. Wenn die Gefühle nicht fließen, können im Mentalkörper belastende Energiestaus entstehen.

Der Astralkörper

verbindet die drei unteren Schichten der Aura, die der materiellen Ebene angehören, mit den drei über ihn liegenden der immateriellen Seite. Er ist unter anderem die Ebene der Beziehungen zu anderen. Ein starker Astralkörper sorgt für gute Beziehungen, ein schwacher lässt Kontakte vermeiden und kann in die Isolation führen. Im Astralkörper sind auch die karmischen Informationen gespeichert.

Der spirituelle Körper

hat die höchste Schwingungsfrequenz. Er enthält drei Ebenen – den ätherischen, emotionalen und mentalen Aspekt –, jedoch auf der immateriellen Seite.

Stabilisieren und Reinigen der Aura

Durch gesunde Lebensweise bleibt die Aura stabil:
- gesunde Ernährung (möglichst naturbelassen, Zucker und Kaffee vermeiden, fleischlos)
- Bewegung, frische Luft
- tiefes Atmen (Bauchatmung)
- Stress vermeiden
- auf Drogen, Alkohol und Zigaretten verzichten (verschmutzt die Aura und durchlöchert sie)
- Gedankenarbeit
- Energiearbeit, Visualisierungen, Yoga, Qigong, Meditation, Klangschalen, Tanz etc.

Reinigen der Aura

- Aufenthalt im Wald, in der Natur und an hoch schwingenden Orten (Kraftorten)
- spezielle Meditationen, Reinigungsvisualisierungen
- Räuchern mit bestimmten Stoffen, vor allem mit Kampfer und weißem Salbei
- Meditationen oder Behandlungen mit Klangschalen
- Goldener-Strahl-Dusche
- Salzbäder (Totes-Meer-Salz)
- Beten
- Clearing

Reinigen der Aura bei Fremdenergien und Besetzungen

- Clearing durch Profi veranlassen
- Blockadelösung, Auflösungsarbeit, Gebetsauflösungen, zum Beispiel von Flüchen, Verwünschungen, karmischen Verstrickungen, Gelübden
- Arbeit am Bewusstwerdungsprozess: Arbeit am inneren Kind, Vergebungsarbeit, Rückholung von Seelenanteilen, Aufarbeitung von Traumata
- Karma auflösen (um erneuten Anhaftungen oder Besetzungen vorzubeugen, denn ein »ganzer«, gesunder Mensch mit einer intakten, starken Aura ist relativ immun gegen Fremdenergien bzw. bemerkt solche Einflüsse dann schnell und kann Hilfe veranlassen)

Schutz der Aura

- Gesunde Lebensweise
- Selbstliebe, Selbstannahme
- Akzeptanz von allem, was ist
- Erlernen von Schutztechniken und Visualisierungen
- Beten
- Energiearbeit (zum Beispiel Reiki)
- Engelarbeit (vor allem Erzengel Michael)
- Heilsteine (vor allem schwarzer Turmalin)
- geweihte Amulette, geweihtes Wasser
- Räucherungen
- professioneller Schutz

13. Eigenschutz und professionelle Schutzmaßnahmen

Alles, was dazu beiträgt, die Schwingung zu erhöhen, ist hilfreich, um sich vor jeder Art von Fremdenergien zu schützen. Eine sehr hohe Eigenschwingung ist ohne Frage der beste Eigenschutz.

Techniken und Grenzen des Eigenschutzes

Durch gesunde Lebensweise und Arbeit an seinen Themen kann man viel für die eigene Schwingungsfrequenz und somit den Eigenschutz tun. Es gibt viele Bücher, in denen man nachlesen kann, wie man sein Energiefeld stärkt. Mithilfe diverser Visualisierungen, Gebete und der Bitte an Lichtwesen um Schutz und Hilfe (Erzengel Michael, allen voran natürlich Gott, »die Quelle« oder »das Höchste selbst«) kann man seinen Schutz stärken.

Allerdings sind diese Methoden oft nur von kurzer Dauer, müssen häufig, am besten mehrmals täglich, wiederholt werden und sind in der Regel bei schwarzmagischen Angriffen nicht geeignet. Zumindest eigenen sie sich für Laien nicht als einzige Schutzmaßnahme.

Ich möchte auf keinen Fall die Kraft von Gebeten infrage stellen, da vor allem inbrünstiges Beten sehr effektiv ist und die Schwingung des Betenden immer erhöht. Doch leider ist dies erfahrungsgemäß nicht ausreichend, vor allem, wenn man bereits von Anhaftungen oder gar von einer Besetzung betroffen ist.

Ich halte es für unmöglich, sich in diesem Fall selbst noch effektiv befreien und schützen zu können. Hier ist professionelle Hilfe notwendig. Wer Ihnen etwas anderes erzählt, hat keine oder zu wenig Ahnung.

Durch spezielle spirituelle Einweihungen kann man sich auch selbst einen Schutz legen und ist dadurch unabhängig von anderen. An erster Stelle möchte ich hier die traditionellen Reiki-Einweihungen nennen, vor allem die Einweihung in den Reiki-Meistergrad. Allerdings ist dies ein Weg, der einer längeren, meist langjährigen spirituellen Entwicklung bedarf.

Professioneller Schutz von außen

Bei einem energetischen Schutz von außen handelt es sich um eine zusätzliche »Hülle«, die um die Aura gelegt wird. Dieser Prozedur sollte immer eine Reinigung vorausgehen. Ein guter professioneller Schutz kann durchaus vor

Fremdenergien schützen, vor allem vor negativen Energien durch andere Menschen im privaten und beruflichen Umfeld. Sollte es sich jedoch wirklich um schwarze Magie und starke dunkle Kräfte handeln, wird es mit dem Schutz schon schwieriger.

Bei Angriffen dieser Art ist ein sehr starker und spezieller Schutz notwendig. Denn ein erfahrener Schwarzmagier kann sogar einen professionell installierten Schutz ganz oder teilweise aufheben, damit die Magie ihr Ziel erreichen kann. Auch kann es trotz Schutz manchmal vorkommen, dass nicht alles abgehalten wird oder dass man die Angriffe spürt. Die Angriffe können einen sozusagen streifen. Die Magie kann zwar nicht landen, aber man trägt »blaue Flecken« davon. Diese können sich zum Beispiel durch Kopfschmerzen oder andere körperliche oder psychische Befindlichkeiten zeigen.

Ein gelegter Schutz muss ständig überprüft und gegebenenfalls »geflickt«, verstärkt oder erneuert werden. Vor allem, wenn wiederholte Angriffe stattfinden. Zeitweise kann es sogar notwendig und sinnvoll sein, zusätzlich eine Abwehr installieren zu lassen.

Wenn Sie regelmäßigen Angriffen ausgesetzt sind und sich professionell schützen lassen, sollten Sie deshalb darauf bestehen, dass dieser Schutz am besten täglich kontrolliert und gegebenenfalls verbessert wird. Es hat sich gezeigt, dass Angriffe dieser Art hauptsächlich bei Vollmond oder Neumond stattfinden und jeweils auch einen Tag vorher und nachher. Hierauf sollte man sich aber auch nicht verlassen, denn Angriffe können auch an jedem anderen Tag, und vor allem zu jeder anderen Nacht, gestartet werden.

Wichtig:
Ein auf eine längere Zeitspanne ausgelegter Schutz, der nicht häufig überprüft und gegebenenfalls nachgebessert wird, ist bei wiederholten schwarzmagischen Angriffen nicht ausreichend.

Trotz der Schutzmaßnahmen kann zwischendurch ein Clearing notwendig und sinnvoll sein. Meist ist die Kombination aus Schützen und Reinigen sowieso am effektivsten. Erst wenn keine Angriffe mehr stattfinden, kann ein dauerhaft wirksamer Schutz für einen mehr oder weniger langen Zeitraum gelegt werden. Dann kann die Heilung einsetzen, die natürlich eine angemessene Zeitspanne benötigt, je nachdem, wie groß die eingetretenen Schäden sind.

Leider werden von vielen Lichtarbeitern, vor allem denen, die schon in höheren *Dimensionen* arbeiten, die Kräfte, die bei schwarzmagischen Praktiken freigesetzt werden, oftmals völlig verkannt und unterschätzt. Manche sind sogar der Ansicht, dass es schwarze Magie und dergleichen überhaupt nicht mehr gibt, da die Erde ja mittlerweile schon in die fünfte Dimension aufgestiegen sei. Es mag sein, dass manche Lichtarbeiter energetisch so hoch schwingen, dass sie die dunklen Kräfte gar nicht mehr wahrnehmen und die Aussage deshalb auch für ihr Leben zutrifft.

Doch für die von schwarzer Magie Betroffenen kann diese Einstellung gefährlich werden. Denn es gibt die niedrigeren Dimensionen noch, und die schwarzmagischen Praktiken und Angriffe sind stärker und aggressiver denn je.

Ich möchte auf keinen Fall den Eindruck erwecken, dass ich die Arbeit von hoch schwingenden Lichtarbeitern nicht schätze oder ihnen ihre teilweise sogar enormen Heilungserfolge absprechen möchte. Doch ich habe die Erfahrung gemacht, dass sie die dunklen Kräfte häufig unterschätzen, wenn sie nicht direkt auf Clearing spezialisiert sind.

So habe ich zum Beispiel bei einer sehr hoch schwingenden, bekannten Heilerin der neuen Zeit, die sensationelle Erfolge verbuchen kann, einen Schutz für mich für mehrere Wochen beauftragt. Am Anfang war dieser sehr wirksam, aber als nach zehn Tagen erneut ein schwerer Angriff auf mich erfolgte, war der Schutz mehr oder weniger aufgebraucht. Nur durch sofortige Auflösung und Abwehr durch eine andere Person habe ich den Angriff überlebt.

Zusammenarbeit mit mehreren Heilern

Da viele Menschen gleichzeitig mit mehreren Heilern zusammenarbeiten, möchte ich auf einen, wie ich glaube, unbekannten Umstand hinweisen: Es kann sehr gefährlich sein, von mehreren energetisch arbeitenden Personen gleichzeitig behandelt zu werden, vor allem bezogen auf den Schutz. Denn es ist möglich, dass der von einem Behandler gelegte energetische Schutz durch die Energiearbeit einer anders arbeitenden Person neutralisiert wird. Das ist äußerst tückisch, denn jemand fühlt sich sicher geschützt, dabei ist der Schutz womöglich fast oder überhaupt nicht mehr vorhanden. Ein Laie bemerkt das normalerweise erst, wenn es zu einem erneuten Angriff kommt. Ich kann aus eigener Erfahrung berichten und möchte Ihnen diese Warnung nicht vorenthalten.

Auch wenn man zur Sicherheit nicht nur einen Schutz, sondern zwei oder mehrere beauftragt, kann es vorkommen, dass diese sich energetisch gegenseitig behindern oder sogar aufheben. Im günstigsten Fall bleibt ein Schutz, der quasi die Oberhand gewinnt, bestehen. Aber was ist, wenn dann gerade dieser Schutz abläuft oder gekündigt wird? (Anmerkung: Ein professionell gelegter Schutz gegen Honorar wird normalerweise für einen bestimmten Zeitraum vereinbart. Entweder wird er vor Ablauf wieder kostenpflichtig verlängert oder gekündigt.)

Am besten, man arbeitet deshalb nur mit einer Person des Vertrauens zusammen. Möchte man weitere Heiler hinzuziehen, sollten alle Beteiligten darüber informiert werden.

Ich weiß, dass es Energetiker gibt, die mir in diesem Punkt widersprechen. Ich kann dazu nur sagen, dass ich solche Fälle selbst und bei anderen Menschen erlebt habe.

Das eigene Umfeld schützen

Der Schutz des eigenen Energiesystems reicht häufig nicht aus, um die negativen Auswirkungen von schwarzer Magie abzuwehren. Man sollte auch den Schutz all jener in Betracht ziehen, die in derselben Wohnung oder im gleichen Haus leben, Haustiere eingeschlossen. Aber auch, wenn man nicht zusammenwohnt, können Familienmitglieder und andere Mitglieder der Seelenfamilie, zu denen man ein nahes Verhältnis und somit starke energetische Verbindungen hat, betroffen sein. Selbst außenstehende Personen können von den dunklen Energien tangiert werden, wenn es zum Erreichen des Ziels der schwarzen Magie beiträgt.

Mein Sohn zum Beispiel stand vor einer mündlichen Prüfung, für die er den Stoff perfekt gelernt hatte und alles lückenlos beherrschte. Da ich wusste, dass wir zu dieser Zeit starken Angriffen ausgesetzt waren, habe ich ihn sehr gut schützen lassen. Obwohl er alles konnte, bekam er nur eine durchschnittliche Note. Denn der Prüfer hatte eine Frage gestellt, die nicht zum Stoff gehörte, und er hatte offensichtlich irgendetwas gegen meinen ansonsten sehr beliebten Sohn. Die Prüfung wurde ungerecht bewertet.

Im Nachhinein wurde mir bewusst, was geschehen war: Die dunklen Energien der schwarzmagischen Angriffe kamen durch den Schutz zwar nicht an meinen Sohn heran, waren aber um ihn herum im Raum und gingen aufgrund möglicher Resonanzen auf den Lehrer über, der neben der zu schlechten Note auch noch seltsame, fast schon gehässige Kommentare von sich gab. Hier wäre es wichtig gewesen, die gesamte Situation zu schützen und zu reinigen und nicht nur den Prüfling.

Schutz bei Alkohol- und Drogenkonsum

Um eine langfristige Abhängigkeit von einem professionellen Schutz zu vermeiden, ist es ratsam, spirituelle Techniken zur Schwingungserhöhung zu erlernen. Aber um dorthin zu kommen, muss man erst einmal frei und vor weiteren Angriffen geschützt sein.

Bei alkoholkranken und/oder drogenabhängigen Menschen, die täglich diese Substanzen zu sich nehmen, ist es immens schwer, einen wirklich effektiven Schutz aufzubauen. Denn Alkohol und Drogen destabilisieren und durchlöchern die Aura und den Schutz. Dadurch wird den dunklen Energien, die die Aura während und nach einem Angriff umgeben, Einlass gewährt. Ähnlich wirkt auch Rauchen, das in diesen Fällen meistens noch hinzukommt.

Und da ein Alkohol- oder Drogenabhängiger seine Themen und verletzlichen Punkte noch nicht aufgearbeitet haben kann, weil er ansonsten nicht mehr substanzabhängig wäre, haben die dunklen Kräfte relativ leichtes Spiel anzudocken. Weil Clearings hier üblicherweise keinen ausreichenden Erfolg bringen, muss man in solchen Fällen zusätzlich eine Suchttherapie in Betracht ziehen, die durchaus auch sehr gut mit energetischer Arbeit unterstützt werden kann.

14. Maßnahmen zur Selbsthilfe

Auch als Laie kann man einiges zur Reinigung und Stärkung seines Energiesystems und der Umgebung tun: Erhöhung der eigenen Schwingung durch gesunde Lebensweise, Verzicht auf Alkohol, Zigaretten und Drogen, Gedankenhygiene, spirituelle Übungen und Lösung innerer Konflikte.

Räuchern

An erster Stelle möchte ich Ihnen das Räuchern mit reinigenden, schützenden und weiteren Substanzen ans Herz legen. Räuchern ist eine sehr alte Kunst, die zu zeremoniellen, heilenden und spirituellen Zwecken gleichermaßen eingesetzt wird. Bereits bei den Kelten und im alten Ägypten wurde geräuchert. Auch im Orient und bei den Ureinwohnern Nordamerikas spielte es eine große Rolle und wurde ebenso in heilenden schamanischen Zeremonien angewandt. Die ersten therapeutischen Einsätze des Räucherns sind aus der griechischen Antike bekannt. Im christlichen Europa war und ist das Räuchern ebenfalls fester Bestandteil religiöser Zeremonien (Weihrauch) und wurde auch medizinisch eingesetzt, zum Beispiel um Häuser von Krankheitserregern zu befreien.

Eine Haus- oder Wohnungsräucherung mit weißem Salbei kann Wunder wirken. Die Energie wird geklärt und etwaige negative Energien können neutralisiert werden. Wenn Sie den Geruch nicht mögen, probieren Sie verschiedene Räucherwaren aus. Ich persönlich liebe Kampfer, der neben Salbei einer der am stärksten reinigenden Stoffe ist und, obwohl er einen sehr intensiven Eigengeruch hat, für mich äußerst angenehm riecht.

Es gibt im Fachhandel auch sehr gute Räuchermischungen. Sie sollten hier allerdings darauf achten, dass es sich um naturreine Produkte handelt, denn vielen Räucherwaren werden chemische Zusatzstoffe beigemengt, was die Qualität immens verschlechtert und sogar gesundheitsschädlich sein kann. Allergiker sollten besonders vorsichtig sein. Dies gilt auch für Räucherstäbchen und sehr günstige Räuchermischungen. (Auf meiner Website www.rebekkazinn.com finden Sie verlässliche Bezugsquellen für sehr gute Räucherwaren. Ein guter Anbieter ist zum Beispiel www.cosmic-creations.com.)

Wenn Sie Ihr Zuhause regelmäßig ausräuchern, können sich negative Energien kaum mehr halten. Allerdings muss ich einschränkend erwähnen, dass bei einer dämonischen Besetzung kein Räuchern mehr hilft. Hier ist das Mittel der Wahl definitiv ein professionelles Clearing.

Räucherung zur Reinigung

Ich gehe mit dem Räucherstövchen bei geschlossenen Fenstern durch alle Zimmer und lasse den Rauch auch in alle Ecken wehen, auch einmal um mich und meine Tiere. Nach ca. zehn Minuten lüfte ich bei weit geöffneten Fenstern. Danach räuchere ich noch mit einer Substanz, die gute Energien anzieht, wie zum Beispiel Copal oder Sandelholz, deren Geruch ich ebenfalls sehr liebe.

Zwischendurch können Sie sich und Ihre Aura gründlich abräuchern. Führen Sie das Stövchen mit der qualmenden Räucherware von den Beinen bis zum Kopf komplett um sich herum (es ist am einfachsten, wenn Sie sich drehen) und einmal zwischen den Beinen hindurch. Sie können auch Ihre Haustiere ab und zu intensiv abräuchern. Meine Katzen waren anfangs skeptisch wegen des Qualms, doch mittlerweile genießen sie die Räucherung regelrecht. Auch bei verschiedenen Beschwerden kann eine Räucherung sehr hilfreich wirken.

Die Räucherwaren können intuitiv ausgewählt werden. Es hat sich gezeigt, dass die Intuition meist genau die für den jeweiligen Zeitpunkt richtigen Stoffe wählt.

Sie können spezielle Räucherkohle benutzen, auf die Sie eine Schicht Räuchersand streuen, damit die guten Stoffe schonender verräuchert werden. Oder Sie benutzen ein feines Räuchersieb, das auf einem Räucherstövchen mit Teelicht liegt. Damit bei der zweiten Variante vor allem die Harze das Metallgitter nicht ständig verkleben oder anfangen zu verbrennen, können Sie unter die Räucherware ein Stück Alufolie legen. Vor allem beim Kampfer sollten Sie vorsichtig sein, weil dieser recht leicht Feuer fängt.

Außer reinigenden Wirkstoffen gibt es noch wunderbares anderes Räucherwerk, das zum Beispiel herzöffnend (Benzoe), blockadelösend (Copal), konzentrationsfördernd (Nadelbaumharze) wirkt oder speziell zur Stärkung der einzelnen Chakras dient.

Ich habe in manchen Vollmondnächten, in denen ich mit Angriffen zu rechnen hatte, stundenlang geräuchert, um direkt entgegenzuwirken – meiner Intuition folgend vor allem mit Guggulharz.

Räucherwaren

Es gibt viele Harze, Kräuter und Hölzer, die zu verschiedenen Zwecken verräuchert werden. Es würde den Rahmen sprengen, alle nennen zu wollen. Deshalb nur eine kleine Aufstellung meiner Meinung nach wichtiger Räucherwaren:

Zur Reinigung

- weißer Salbei
- Salbei
- Kampfer
- Guggulharz (Ghost-Fear)
- Engelwurz
- Beifuß

- Wacholder
- Zeder
- Bernstein

Zum Schutz

- Guggulharz
- Diktam
- Drachenblutharz
- Engelwurz
- Fichtenharz
- Holunder
- Kalmuswurzel
- Kiefernharz
- Lorbeer
- Opoponaxharz
- Zeder

Für das Gebet und zur Anbindung an die geistige Welt eignen sich hervorragend Weihrauch (alle Sorten) sowie Opoponaxharz und Myrrhe.

Für geistige Klarheit sorgen Mastixharz und Nadelbaumharze.

Blockadelösend ist vor allem Copalharz, dieses wirkt zusätzlich reinigend, schützend und heilend.

Stimmungsaufhellend sind unter anderem Dammarharz, Engelwurz, Eisenkraut, Kamille, Kiefer und Schafgabe.

Als sinnlich, harmonisierend und entspannend sind Benzoe, Sandelholz, Tulaharz, Zimt und Vanille zu nennen.

Die Chakren räuchern

Räucherungen eignen sich auch sehr gut dazu, die Chakren zu unterstützen und zu stärken. Für jedes der sieben Hauptchakren gibt es jeweils spezielle Räucherstoffe:

- **Wurzelchakra:** Rosenblüten
- **Sakralchakra:** Opoponax, Myrrhe, Bernstein
- **Solarplexuschakra:** Sandelholz, Süßholz, Cistrosenharz
- **Herzchakra:** Kardamom, Beifuß
- **Halschakra:** Sandelholz, Minze, Kornblumen
- **Stirnchakra:** Lavendelblüten (Angustifolia)
- **Kronenchakra:** Olibanum

Um Blockaden in den Chakren anzugehen, reicht es allerdings nicht aus, nur für das blockierte Chakra zu räuchern. Die beiden benachbarten Chakren sollten mit einbezogen werden. Therapeutisch wirksame Mischungen hierfür können im Fachhandel bezogen werden. Es ist nicht ganz einfach, diese selbst herzustellen, da die Wirkstoffe fein aufeinander abgestimmt und im richtigen Verhältnis gemischt werden sollten.

Oder wir fühlen uns instinktiv hingezogen zu genau jener Mischung, die unser System gerade braucht. Sollte uns eine Mischung besonders anziehen, ist diesem Gefühl oft mehr zu trauen als verstandesmäßigen Selbstdiagnosen.

Schutzstein schwarzer Turmalin

Den schwarzen Turmalin möchte ich Ihnen als Schutzstein empfehlen. Es gibt sicherlich noch andere Heilsteine, denen eine schützende Funktion nachgesagt wird, beim schwarzen Turmalin kann ich diese Wirkung jedoch aus eigener Erfahrung bestätigen. Vor einigen Jahren hatte ich intuitiv an einem Tag, an dem ich unerwartet attackiert wurde, einen schwarzen Turmalin, der übrigens auch Schörl genannt wird, in die Hosentasche gesteckt. Nach dem mittelschweren Angriff, den ich einigermaßen gut überstand, war der harte Stein in meiner Hosentasche zerbröselt. Ich legte ihn dann in die Erde. Er hatte einen sehr guten (und mich beeindruckenden) Dienst für mich geleistet

Es kann sein, dass Sie sich durch das Tragen des schwarzen Turmalins etwas abgeschottet fühlen. Sollte dies der Fall sein, rate ich Ihnen, den Stein mit einem Rosenquarz zu kombinieren

Homöopathie und Heilkräuter

Aus meiner langjährigen Erfahrung kann ich Ihnen bei Beschwerden, die durch dunkle Magie hervorgerufen werden, sehr empfehlen, diese Symptome mit natürlichen Heilmitteln zu behandeln. Sie helfen bei Schäden, die durch schwarze Magie oder dergleichen eingetreten sind, ganz besonders gut. Ich habe vieles ausprobiert und kann sagen, dass bei mir vor allem homöopathische Mittel und Urtinkturen von Heilkräutern hervorragend und besser als chemische Medikamente wirken, die häufig nur die Symptome bekämpfen und Nebenwirkungen haben.

Bei einer Krankheit wird der Fluss der Lebensenergie durch krank machenden Elemente, Einflüsse oder Energien gestört. Die Energien der feinstofflichen Mittel wirken sozusagen indirekt den zerstörerischen entgegen, da sie die Selbstheilungskräfte des Körpers anregen und über die eigene Körperintelligenz das Gleichgewicht wiederherstellen. Ich bezeichne die feinstofflichen Naturheilmittel gerne als »sanfte Helfer«, die Impulse für die Aktivierung der Selbstheilungskräfte setzen. Auch muss man sich mit seinen Symptomen und somit auch mit sich selbst mehr auseinandersetzen, als wenn man nur eine Pille schluckt. Dieser Aspekt wirkt sich ebenfalls positiv aus, da allein schon durch diese Art der Selbstfürsorge Heilungsimpulse gesetzt werden. Hier kann und sollte auch wieder die Intuition mit einbezogen werden, die letztendlich genau weiß, was gut für einen ist. Tiere zum Beispiel finden intuitiv immer die Mittel, die sie gerade benötigen. So wälzen sich erschöpfte Tiger beispielsweise im pflegenden und stärkenden Brahmikraut, das deshalb auch Tigergras genannt wird.

Beten

Neben spirituellen Übungen wie Meditieren, Yoga oder Qigong und dem Aufenthalt in der Natur ist Beten eine wundervolle und sehr effektive Methode, Ihre Schwingung zu erhöhen. Sie können mit Gebeten Negatives verbannen, ins innere Gleichgewicht kommen und auch Ihre Wünsche manifestieren. Und eins ist völlig klar: Je höher man schwingt, desto leichter und klarer kommt man in Kontakt mit der unterstützenden geistigen Welt.

Alle Arten von Gebeten, ob es sich um das Vaterunser, ein Clearing-Gebet oder ein selbst ausgedachtes Gebet handelt, haben eine sofortige positive Wirkung, wenn sie von Herzen kommen und einer reinen Absicht entspringen. Gebete haben nachweislich eine sehr große Heilkraft. Der Betende kommt in die Ruhe und zu sich, gleichzeitig bindet er sich an positive Energien an.

Es gibt Experimente und Blindstudien, die die Heilkraft von Gebeten belegen. So wurde zum Beispiel in einer Blindstudie für eine Gruppe krebskranker Menschen gebetet. Für die Kontrollgruppe ebenfalls Krebskranker wurde nicht gebetet. Die Personen aus der Gruppe, für die die Gebete stattfanden, zeigte auffallend bessere Heilungserfolge.

Reinigende Gebete

Clearing-Gebete spreche ich nach einer kurzen Meditation. Ich stelle mir vor, unter einem Strahl gleißenden weißgoldenen Lichtes zu stehen, das durch mich hindurchfließt.

Sie können das Gebet laut oder nur innerlich sprechen. Auf manche Menschen wirkt das laut gesprochene Gebet kraftvoller. Wichtig ist aber vor allem, dass aus dem Herzen heraus in reiner Absicht gebetet wird.

Clearing-Gebet

»*Vater-Mutter-Schöpfer-Gott, Heilige Mutter Maria, Jesus Christus. Ich bitte Euch zu mir.*

Ich rufe die Erzengel Michael, Metatron, Gabriel, Zadkiel und Andon an meine Seite sowie die Elohim der Gnade und des silbernen Strahls. Ich bitte Lichtmeister Saint Germain hierher sowie alle anderen Lichtwesen, die ich jetzt brauche.

Ich bitte euch, mich von allen schädlichen und krank machenden Fremdenergien sowie den Einflüssen von schwarzer Magie zu befreien. Bitte reinigt mein gesamtes energetisches System einschließlich meines physischen Körpers. Bitte nehmt alles weg, was nicht zu mir gehört. Jetzt sofort und zum höchsten Wohle aller. Danke. Amen.«

Dieses Gebet kann ruhig eine halbe Stunde lang gebetet werden. Man kann es auch erweitern, indem man zum Beispiel um die Lösung von Blockaden zwischen sich und einer anderen Person bittet. Hierzu ruft man die Lichtwesen wie im Clearing-Gebet an und fügt dann hinzu:

»*Ich bitte euch um die Entfernung aller Fremdenergien sowie aller Blockaden aus Einflüssen durch schwarze Magie zwischen mir und X. Bitte reinigt das Band, das zwischen uns besteht. Jetzt sofort zum höchsten Wohle aller. Danke. Amen.*«

Oder man bittet um die Lösung von Blockaden, die auf bestimmten Bereichen oder Situationen liegen, etwa den Finanzen oder Projekten. Hier wird nach der Anrufung der Helfer aus der geistigen Lichtwelt Folgendes hinzugefügt:

»Ich bitte um die Entfernung aller Fremdenergien und aller Blockaden aus Einflüssen durch schwarze Magie, die auf meiner finanziellen Situation (und/oder ...) lasten. Jetzt sofort zum höchsten Wohle aller. Danke. Amen.«

Man kann das Gebet auch zur Reinigung einer bestimmten Beziehung sprechen. In diesem Fall ruft man die Lichtwesen und bittet diese:

»... um das Entfernen aller Fremdenergien und der Einflüsse von schwarzer Magie in der Beziehung zu X.«

Abschließend sagt man:

»Bitte nehmt alles weg, was nicht zu uns gehört. Jetzt sofort zum höchsten Wohle aller. Danke. Amen.«

Am »Jetzt sofort« braucht man sich nicht zu stören. Auch wenn es wie ein Befehl klingen mag, ist es so nicht gedacht. Es ist nur der Hinweis, dass es bitte gleich geschehen soll. In der geistigen Welt gibt es keine Zeitrechnung.

Wichtig:
Es wird immer zum höchsten Wohle aller gecleart!
Bitte nie vergessen, sich am Ende des Gebetes zu bedanken!

Vaterunser nach Melchior Melchizedek

Das Vaterunser hat eine sehr reinigende und stabilisierende Wirkung.

»Mutter, Vater, Schöpfer, Gott,
der sich in mir in seiner höchsten Form
vollendet manifestiert,
der ich bin, war und sein werde.
Geheiligt ist Dein Name,
in Deinem Reich lebe ich,
Dein Wille geschieht und manifestiert sich
in mir durch mich.
Mein tägliches Brot erhalte ich immer und überall,
meine Schuld ist mir vergeben,
so wie ich meinen Schuldigern vergebe.
Du führst mich aus der Versuchung
und löst mich von dem Bösen,
denn Dein ist das Reich und die Kraft und die Herrlichkeit
in Ewigkeit.
Amen.«

Psalm 23

Der Psalm ist sehr reinigend und zusätzlich schützend.

»Der HERR ist mein Hirte,
mir wird nichts mangeln.
Er weidet mich auf einer grünen Aue

und führet mich zum frischen Wasser.
Er erquicket meine Seele.
Er führet mich auf rechter Straße
um seines Namens willen.
Und ob ich schon wanderte im finsteren Tal,
fürchte ich kein Unglück;
denn du bist bei mir,
dein Stecken und Stab trösten mich.
Du bereitest vor mir einen Tisch
im Angesicht meiner Feinde.
Du salbest mein Haupt mit Öl
und schenkest mir voll ein.
Gutes und Barmherzigkeit
werden mir folgen mein Leben lang,
und ich werde bleiben im Hause des HERRN immerdar.
Amen.«

Vergeben

Vergeben ist ein wichtiges Thema: Auch wenn es noch so schwer ist, ist es von immenser Wichtigkeit für Ihre eigene Entwicklung, dass Sie sich selbst und allen Menschen, die Ihnen Schlechtes zugefügt haben, einschließlich eventuell der Eltern, vergeben können.

So sollten Sie auch denjenigen, die gegen Sie mit schwarzer Magie oder dergleichen gearbeitet haben oder es noch tun, vergeben. Denn sonst sind Sie an den Verursacher gebunden, und das tut Ihrer eigenen Seele nicht gut. Jeder Groll, den Sie im Herzen tragen, schadet Ihnen selbst am meisten. Sie müssen das, was passiert ist oder Ihnen angetan wurde, nicht gutheißen. Vergeben bedeutet nicht gutheißen, sondern damit Frieden schließen.

Wenn Sie dem Verursacher sogar positive Gedanken schicken und zum Beispiel Licht um ihn herum visualisieren, dann schwächen Sie auch einen Angriff ab. Genauso, wenn Sie dem Attackierenden innerlich ein »Friede sei mit dir« schicken. Je eher Sie es schaffen, nicht mehr an Vergangenem festzuhalten und über Geschehenes nachzudenken, desto besser, denn somit gehen Sie auch aus der Resonanz damit. Resonanz bedeutet in diesem Fall, dass Sie durch negative Gedanken wieder Negatives anziehen. Falls der Verursacher noch aktiv ist, kann die Magie bei Ihnen dadurch die erwünschte Wirkung erzielen. Mit jedem ängstlichen Gedanken, mit jedem negativen Gefühl dem Angreifer gegenüber nähren Sie ihn und die dunklen Kräfte.

Dieses Nicht-mehr-darüber-Nachdenken kann sehr schwer sein, aber tun Sie es für sich. Es heißt auch nicht, dass Sie alles verdrängen sollen. Alles braucht eben auch seine Zeit, bis man es loslassen kann. Ich weiß, welch verheerende und zerstörerische Dinge durch schwarze Magie geschehen können, und auch, wie lange es dauern kann, darüber hinwegzukommen. Wenn Sie jedoch den Vorsatz haben und sich darüber im Klaren sind, dass Loslassen Sie selbst befreit, werden Sie es eher schaffen und zulassen können, als wenn Ihnen das nicht bewusst ist. Wenn Sie Altes loslassen, machen Sie Platz für neue Chancen in Ihrem Leben.

Wichtig:
Sie binden sich an den Verursacher, wenn Sie nicht loslassen und vergeben! Vergeben Sie aus Liebe zu sich selbst.

Wenn Sie noch nicht verzeihen können, versuchen Sie erst einmal bewusst zu akzeptieren, was passiert ist. Und gestehen Sie sich zu, dass Sie noch Zeit brauchen. Akzeptieren Sie, dass letztendlich wirklich alles dazugehört, das Dunkle genauso wie das Helle. Das Dunkle dient zur Entwicklung des Bewusstseins, auch wenn es nicht leicht sein mag, das wirklich zu verinnerlichen und zu akzeptieren. Wenn Sie sich aber vielleicht mitten in einer Angriffsphase oder einer magisch herbeigeführten Pechsträhne befinden, brauchen Sie vorerst andere Hilfe, um meine Ratschläge irgendwann dann annehmen und umsetzen zu können.

Vergebungssatz

Wenn Sie mögen, können Sie den nachfolgenden Vergebungssatz sprechen. Er hilft Ihnen, Verstrickungen, die durch Nicht-verzeihen-Können verfestigt sind, loszulassen.

»Ich vergebe allen lebenden und toten Mitgeschöpfen, die mir jemals Schmerz oder Unrecht zugefügt haben. In diesem oder allen vorangegangenen Leben. Ich bitte um die Vergebung aller lebenden und toten Mitgeschöpfe, denen ich jemals Schmerz und Unheil zugefügt habe. In diesem und in allen vorangegangenen Leben. Ich vergebe mir selbst! Ich, wir haben es nicht besser gewusst. Ich versöhne mich mit allem und jedem und mit meinem Schicksal.«

15. Persönliche Weiterentwicklung

Zwar spreche ich viel von Hilfe, Schutz und Auflösung durch andere, doch möchte ich betonen, dass dadurch keine langfristigen Abhängigkeiten entstehen sollen. Die Hilfe von anderen soll nur so lange wie nötig und so kurz wie möglich in Anspruch genommen werden. Das Ziel ist immer die Unabhängigkeit.

Im günstigsten Fall wird man selbst so stark und lichtvoll, dass man mit dem Dunklen gar nicht mehr in Resonanz geht, das heißt keine Angriffsflächen mehr bietet. Man strahlt durch die persönliche Weiterentwicklung sozusagen von innen heraus, sodass das Dunkle kaum mehr Chancen hat, sein Ziel zu erreichen. Und man spürt sehr schnell, wenn man schwarzmagisch attackiert wird oder auf andere Weise von Fremdenergien belästigt wird. Dann ist man in der Lage, unverzüglich und gezielt Gegenmaßnahmen zu starten.

Doch das setzt voraus, dass man wirklich stabil und mit sich im Reinen ist und seine Themen und Lernaufgaben bewältigt hat.

Vertrauen und Akzeptanz

Ein wichtiger Punkt in der persönlichen Weiterentwicklung ist das Vertrauen darauf, dass es eine Veränderung zum Positiven geben kann und letztendlich das Gute siegen wird.

Die Gewissheit und der Glaube an eine göttliche Kraft und Führung – was immer Sie, unabhängig von einer Religion, als göttlich verstehen – sind immer stärker. Die göttliche Kraft ist die stärkste überhaupt, sie kann alles Negative lösen. Aber es ist auch wichtig, seine Schwingung zu erhöhen und an sich und seinem Bewusstwerdungsprozess positiv zu arbeiten, damit diese Kraft (wieder) heilsam wirken kann.

Eine weitere hohe Stufe der eigenen Entwicklung ist die Fähigkeit, das anzunehmen, was ist. Das heißt, jeden Moment einfach alles, was passiert, genau so anzunehmen, wie es ist. Alle Gefühle, Umstände und Situationen genau so zu akzeptieren, ohne zu bewerten oder sich und/oder andere zu verurteilen. Auch ohne sich dagegen zu wehren oder womöglich dagegen anzukämpfen, wenn man etwas als negativ oder störend empfindet.

Vertrauen Sie darauf, dass alles genau so, wie es ist, richtig ist. Weil es Sie weiterbringen kann, was Sie jetzt vielleicht noch gar nicht sehen oder verstehen können. Annehmen heißt nicht, dass man nicht trotzdem an sich arbeiten kann, sondern dass man auf Bewerten und Ankämpfen verzichtet. Annehmen bedeutet vielmehr, im Fluss zu bleiben oder in den Fluss zu kommen. Dann löst sich auch vieles von selbst auf, zum Beispiel Ängste.

16. Zusammenarbeit mit der geistigen Lichtwelt

Die lichtvolle geistige Welt sieht uns sozusagen zu und steht bereit. Und wann immer sie dazu von uns die Erlaubnis bekommt oder darum gebeten wird, schreitet sie helfend ein. Gott und die Lichtwesen wollen den Menschen beistehen, das Dunkle zu überwinden.

Die geistige Welt hilft, wenn Sie den Auftrag hierzu erteilen. Dieser Auftrag ist nötig, da sich die Engel oder Lichtwesen niemals ohne den bewussten Wunsch eines Menschen oder eines Heilers, der dies übernimmt, ungebeten einmischen. Die einzige Ausnahme ist der persönliche Schutzengel, der ohne einen expliziten Auftrag Impulse geben und schützen darf.

Jeder, der die geistige Welt um Hilfe bittet, wird gehört. Es ist wichtig, dass diese Anrufung aus reinem Herzen kommt. Denn die eigene Absicht entscheidet darüber, ob und wie die Bitte angenommen wird. Aber es reicht auch nicht, nur einmal um Hilfe oder Schutz zu bitten, und dann ist man für alle Zeiten geschützt. Vor allem, wenn man wiederholt schwarzmagisch angegriffen wird. Daran muss man kontinuierlich arbeiten und sich täglich um Schutz kümmern, sich in beständigem Kontakt mit der geistigen Welt befinden, in Achtsamkeit üben und sich im eigenen Bewusstseinsprozess weiterentwickeln.

Die Schwingung und somit die Frequenz der Erde nimmt zu, und es gibt ständig mehr Menschen, die immer höher schwingen und ein erhöhtes Bewusstsein besitzen. Geistheiler oder Menschen, die ihre medialen Fähigkeiten entwickelt haben, können, da sie sehr hoch schwingen, mit Lichtwesen und Engeln Kontakt aufnehmen und sie um Hilfe, Heilung, Auflösung und Schutz bitten.

Ein Clearing-Medium stellt sich wie jeder andere Geistheiler als Kanal zur Verfügung, durch den die geistige Welt wirkt, reinigt und heilt. Beim Clearing wird unter anderem mit der göttlichen Energie gearbeitet, da sie die stärkste Energie mit der höchsten Frequenz im Universum ist. Viele nennen sie die reine, universelle Liebe. Sie steht über allem und ist stärker als die stärkste dunkle Kraft.

Engel

Außer dem allerhöchsten Schöpfer Gott, den ich in meinen Gebeten Mutter-Vater-Schöpfer-Gott nenne und der für alle Anliegen zuständig ist, können auch zahlreiche Geistwesen wie Engel oder aufgestiegene Meister angerufen werden. Der Begriff Engel kommt aus dem Griechischen »angelos«, was »Bote« bedeutet.

Die nachfolgende Übersicht möchte Ihnen dabei helfen, sich mit Ihrem Anliegen an den »zuständigen« Erzengel zu wenden. Sie können die Engel bei einer Anrufung einfach direkt mit ihrem Namen ansprechen, erzählen, was Ihnen auf dem Herzen liegt, und um ihre Hilfe bitten.

Erzengel Michael

- Reinigung, Klärung
- Schutz
- Durchtrennen unguter Schnüre
- Lösung erdgebundener Seelen
- Hilfe bei Entscheidungen
- Stärkung des Selbstwertes
- Mut und Motivation
- Energie und Vitalität

Erzengel Metatron

- Hilfe bei Problemen mit Kindern
- Spirituelles Verständnis

Erzengel Gabriel

- Reinheit und Klarheit
- Empfängnis, Fruchtbarkeit und Schwangerschaft
- künstlerische Projekte
- Schreiben und Journalismus

Erzengel Zadkiel

- Vergebungsarbeit und Mitgefühl
- Transformation von allem Überflüssigem und Überholtem
- Transformation negativer Energien
- Befreiung von Begrenzung und Verstrickung
- Wachstum und Entwicklung

Erzengel Raphael

- Heilung, Gesundheit und Regeneration
- Schließen äußerer und innerer Wunden
- Hilfe bei Süchten
- Lösung erdgebundener Seelen
- Reinigung und Klärung von Räumen
- Schutz auf Reisen

Erzengel Chamuel

- Liebe und Harmonie
- Aufbau und Entwicklung von Beziehungen
- Finden des Seelenpartners
- Entscheidungen bezüglich der beruflichen Laufbahn
- Lebensaufgabe

Erzengel Uriel

- Wahrheit und Erleuchtung
- Finden des inneren Lichts

Erzengel Raguel

- Lösung bei Konflikten
- Unterstützung Benachteiligter

Erzengel Azrael

- Trost und Heilung bei Trauer

Erzengel Haniel

- Heilfähigkeit
- Gelassenheit
- Erkenntnisse
- Transformation von Ängstlichkeit und Sorge in Freude
- außersinnliche Wahrnehmung, Hellsichtigkeit

Auch kann ich Ihnen die Anrufung der folgenden Geistwesen sehr empfehlen:

Saint Germain

- Mut
- Ausdauer
- Richtungsweisung
- Selbsterkenntnis und freier Wille
- emotionale Verstrickungen auflösen
- Lösung von Bindungen und Abhängigkeiten
- seelisch-geistiger Schutz
- Transformation

Mutter Maria

- alle Themen, die mit Kindern zusammenhängen
- Fruchtbarkeit
- Heilung jeglicher Art
- Barmherzigkeit

Jesus Christus

- Heilung jeglicher Art
- klare Kommunikation mit Gott
- göttliche Führung
- Angelegenheiten in Bezug auf den Glauben
- Vergebung
- Manifestation von Wünschen
- Wunder

Freier Wille und göttlicher Plan

Unser freier Wille steht über allem. Die lichtvolle geistige Welt wird niemals entgegen unserem freien Willen in etwas eingreifen. Unsere Entscheidungen werden akzeptiert. Selbst wenn diese Entscheidungen dem göttlichen Plan entgegenstehen, also dem Plan, den wir selbst vor der Inkarnation festgelegt haben, in diesem Sinne also falsch wären.

Die geistigen Helfer versuchen uns eventuell vor Fehlern abzuhalten und schicken Impulse, die uns den richtigen Weg zeigen sollen. Normalerweise beinhaltet der freie Wille ja den göttlichen Plan, das heißt, beides geht ineinander über, wenn das Leben fließt. Beides gehört sozusagen zusammen.

Durch schwarze Magie und dergleichen kann die Entscheidungsfähigkeit jedoch so manipuliert oder in Mitleidenschaft gezogen werden, dass man fremdgesteuert handelt, denkt und entscheidet, sodass Dinge geschehen können, die nicht dem göttlichen Lebensplan entsprechen. Dies wird auch häufig durch die von der Magie hervorgerufene Angst, Verwirrtheit oder andere psychische Symptome begünstigt.

Ich habe erlebt, dass die Lichtwesen mir genau in solchen Situationen unzählige Male Zeichen und Hinweise schickten und versuchten mit mir zu reden, ich aber, bedingt durch die schwarze Magie, nicht mehr erreichbar war bzw. die Hinweise fehlinterpretierte. Ich war so lange verirrt und verwirrt und konnte keinen klaren Gedanken fassen und keine Entscheidung treffen, bis ich mich einem

Clearing unterzog. Erst danach konnte ich wieder in meine Kraft und Entscheidungsfähigkeit gelangen.

Lichtarbeiter

Wie bereits erwähnt, haben die dunklen Kräfte großes Interesse daran, Menschen, die sich spirituell entwickeln und sich heilerisch betätigen (möchten), zu behindern und auszuschalten. Deshalb sind Lichtarbeiter, die sich mit der Verbreitung, der Weiterentwicklung und Arbeit an einer positiven Bewusstseinswende hin zum Guten und zur Heilung beschäftigen, häufig von Fremdenergien und Angriffen durch dunkle Energien betroffen. Vor allem, wenn sie selbst noch ungeheilte Punkte in sich haben, ihre Berufung noch nicht gefunden haben oder ihr Potenzial noch nicht ausleben können. Durch die dunklen Energien kommen sie immer wieder von ihrem Weg ab und werden daran gehindert, ihre Berufung zu finden und auszuüben.

Ich gehe davon aus, dass unter anderem unsachgerechte Einweihungen und Anbindungen an höhere Ebenen sowie unzureichender Schutz bei der spirituellen Arbeit für Anhaftungen von Fremdenergien verantwortlich sind. In solchen Fällen sollte nach der Bewusstwerdung dieser Umstände eine energetische Reinigung erfolgen.

Jedoch entsteht dadurch für die auf energetischer Ebene Tätigen wiederum die Chance, noch eigene ungeheilte Resonanzfelder zu erkennen und zu lösen.

17. Meine eigenen Erlebnisse

Ich habe mich nie gewehrt, habe nicht »zurückgeschlagen« oder etwas gegen die Personen, die uns geschadet haben, unternommen. Ich habe immer nur aufgelöst und geschützt. Kein Vollmond, den ich mit Genuss und Freude erleben konnte, weil ich wusste, dass wieder Angriffe stattfinden werden. Und das alles aus Eifersucht, Neid, Hass, weil ein Mann mich liebt, den andere haben wollten. Selbst als wir zeitweise getrennt waren, haben sie uns nicht in Ruhe gelassen und uns weiterhin mit allen Mitteln Schaden zugefügt. Mein Partner sollte beruflich und finanziell ruiniert werden. Ebenso wie ich, damit ich ihm und uns nicht helfen konnte. Von gefühlsmäßigen Katastrophen und schlimmen gesundheitlichen Schäden ganz zu schweigen. Gegen jeden Neuanfang wurde mit schlimmsten Mitteln gearbeitet. Auch als eine der Expartnerinnen, die die schwarze Magie veranlasst hatte, nach Jahren anscheinend einsah, dass er nicht zu ihr zurückgehen würde, wollte sie ihn noch lange mit Projekten ködern und beruflich etwas mit ihm aufbauen. Wahrscheinlich wollte sie auf diesem Weg auch wieder persönlich an ihn rankommen. Diesem Vorhaben stand ich im Weg, weshalb wieder Trennungsmagie auf uns und Schadenszauber gegen mich veranlasst wurde. Sie hatte zwar einen anderen Partner, aber meinen Freund konnte sie nicht loslassen. Er sollte nicht mit mir glücklich werden. An vieles kann ich mich nur noch dunkel erinnern, aber über meine Bandscheibenvorfälle, einen Schlaganfall und plötzliche auftretende schwere gesundheitliche Probleme meines Partners und meiner Kinder, die sich durch Auflösungsarbeit schnell besserten oder ganz verschwanden, könnte ich viele Seiten füllen. Ebenso darüber, dass alles, aber auch alles – jeder Neuanfang, jede Idee, Träume zu verwirklichen – jahrelang im Keim erstickt wurde. Dennoch wurden wir immer wieder durch göttliche Fügungen vor dem Schlimmsten bewahrt.

Zeitweise haben sich die verschiedenen Exfrauen gegenseitig angegriffen. Es mag unglaublich klingen, aber es waren immer mindestens eine, manchmal zwei und eine Zeit lang gleich drei andere Frauen am Werk, die meinen Partner magisch manipulierten und auf jede nur erdenkliche Art und Weise gegen uns/mich arbeiteten.

Die meisten Aufzeichnungen aus dieser Zeit sowie die Briefe, die ich geschrieben und nicht abgeschickt habe, habe ich zwischenzeitlich weggeworfen, als ich mich intensiv mit Space Clearing beschäftigte. Dennoch möchte ich meinen Lesern nicht alles vorenthalten und über einige der schier unglaublichen Erlebnisse berichten, die mir in den vergangenen Jahren widerfahren sind. Vielleicht erkennen sich Betroffene in den geschilderten Situationen wieder.

Der erste Kontakt mit Geistheilung

Ich beginne mit dem Ereignis, durch das ich das erste Mal ganz bewusst mit Geistheilung in Kontakt kam. Ich wusste zu diesem Zeitpunkt rein gar nichts über schwarze Magie oder Machenschaften dieser Art. Auch wenn immer wieder sehr seltsame und unerklärliche Dinge geschahen und »alles wie verhext« war, dauerte es doch eine ganze Zeit, bis ich dahinterkam, was vor sich ging. Ich lernte eine hellsichtige Schamanin kennen, die meinen vagen Verdacht, dass etwas »nicht mit rechten Dingen zuging«, bestätigte und eindeutig den Einfluss von dunklen Kräften sah.

Mein Partner war sehr seltsam und abweisend geworden. Wir hatten schon viel durchgemacht, und zu dieser Zeit war ich gerade in der Rekonvaleszenz von einem schweren Bandscheibenvorfall, der, wie ich im Nachhinein erkannte, durch einen schwarzmagischen Angriff verursacht worden war. Zusätzlich litt ich unter starken diffusen Ängsten, und mein Partner legte teilweise fast schon bösartige Verhaltensweisen an den Tag, was eigentlich gar nicht seine Art war.

Ich ließ von dieser Schamanin Wasser weihen und besprechen. Schon während der Wartezeit, in der ich das besprochene Wasser ruhen lassen sollte, geschahen die merkwürdigsten Dinge. Meine Katzen flippten aus, sträubten die Haare und flitzten aufgestört durch die ganze Wohnung – als ob sie ein Gespenst gesehen hätten. Heute ist mir natürlich klar, dass die Katzen etwas gesehen haben, da mir bewusst ist, dass die meisten Katzen hellsichtig sind und Geister sehen können. Aber damals wunderte ich mich nur über ihr auffälliges Verhalten.

Sofort nach der von der Schamanin festgelegten Wartezeit trank ich einen kleinen Schluck des geweihten Wassers und fühlte mich wundervoll. Alle negativen Gedanken und Ängste verflogen innerhalb kürzester Zeit. Es war wie ein Wunder. Mein Sohn, der zu diesem Zeitpunkt krank war, trank das Wasser ebenfalls, und es ging ihm im Nu besser. Auf Anweisung der Schamanin sollte ich etwas Wasser zu meinem Freund bringen.

Unterwegs war irgendetwas mit dem Auto. Ich öffnete die Motorhaube und füllte Motoröl ein. Es war ein sehr heißer Tag, ich tropfte Öl daneben, und es fing zu brennen an. Ich erschrak dermaßen, dass ich vor lauter Angst mit meiner Hand auf das Feuer schlug, um es zu löschen. Danach holte ich eine Flasche Mineralwasser aus dem Wageninneren und ließ es über die Stelle, wo es gebrannt hatte, laufen. Aber ich hatte mir meine Hand verbrannt. Die Haut war stark gerötet, und es bildeten sich schon Blasen. Ich ärgerte mich, denn ich konnte mir vorstellen, wie schlimm und schmerzhaft das noch werden würde. Dabei wollte ich doch einen schönen Abend mit meinem Freund verbringen. Nachdem ich bei ihm angekommen war, goss ich, wie mit der Schamanin besprochen, etwas des geweihten Wassers in sein Getränk. So etwas würde ich heute natürlich nicht mehr machen, denn ich hatte ihn ja weder in Kenntnis davon gesetzt noch seine Zustimmung dafür eingeholt. Zusätzlich benetzte ich die schmerzenden Verbrennungen auf meiner Hand mit dem Wasser, ohne mir etwas dabei zu denken.

Der Abend verlief gut. Mein Freund, der von seinem Getränk mit dem besprochenen Wasser getrunken hatte, war im positiven Sinne wie umgewandelt. Nach Stunden dachte ich plötzlich an meine Hand und betrachtete diese, denn ich hatte die Verbrennungen doch tatsächlich vergessen. Und in diesem Moment sah ich das Wunder: Die Verbrennungen und Blasen waren weg.

Am dem Tag, als ich mit der Schamanin telefonisch einen neuen Termin vereinbaren wollte, brach ihr Telefonnetz für den Rest des Tages in ihrem gesamten Haus zusammen. Die dunklen Kräfte wollten verhindern, dass sie uns half. Sie sagte später, so starke negative Kräfte habe sie noch nie vorher erlebt. Damals war ein starker Voodoo-Trennungszauber auf meinen Partner und mich aktiv. Generell werden bei schwarzmagischen Manipulationen oft Telefonate verhindert und andere Kommunikationswege blockiert. Häufig sind elektrische Geräte, wie zum Beispiel Handys und PCs, von den dunklen Energien betroffen.

Auch später, als ich zu den Seminaren meiner heilerischen Ausbildungen fuhr, gab es immer irgendwelche Probleme, die es mir erschweren oder verhindern sollten, daran teilzunehmen. Termine bei Heilern, die mich weiterbringen sollten, wurden ebenso auf jede denkbare Art und Weise sabotiert. Einmal vergaß ich zum Beispiel auf dem Weg zu einer Heilerin den Zettel mit ihrer genauen Adresse. Die beiden Handys, die ich dabeihatte, stürzten ab, sodass ich weder nachschauen noch anrufen konnte. Von der Telefonzelle aus erreichte ich auch bei mir zu Hause niemanden, weil dort das Festnetz ausfiel. Als ich dann im just begonnenen Schneesturm herumirrte und die

Praxis doch noch fand, erklärte mir die Heilerin, dass es schon den ganzen Tag bei ihr »rundgehe« und die unmöglichsten Dinge passierten. Sie wusste, dass es an dem Termin mit mir lag, der verhindert werden sollte.

Leider konnte ich bei diesem Termin, sechs Tage vor dem Anschlag, der tödlich für meine Hündin war, gewisse Ratschläge der Heilerin nicht annehmen. Denn das, was sie sagte, erstaunte mich. Hätte ich auf sie gehört, würde mein Hund jetzt vielleicht noch leben. Ich bat um Bedenkzeit für ihre Vorschläge und vereinbarte eine Woche später einen Termin. Leider einen Tag zu spät.

Missverständnisse und Streit

Aufgrund »verhexter« Vorkommnisse kam es auch oft zu Missverständnissen. Zum Beispiel bekam ich einmal per SMS von einem Bekannten eine Einladung zum Essen. Es war ein alter Freund, der für ein paar Tage in der Stadt war. Ich bedankte mich und schrieb, dass ich leider schon zu müde sei, wir uns aber am nächsten Tag zu einem Spaziergang treffen könnten. Um die Nachricht abzuschicken, drückte ich auf »Antworten«. Die SMS hätte also zu meinem Bekannten gesendet werden müssen. Stattdessen landete sie bei meinem Lebenspartner, der entsprechend misstrauisch und eifersüchtig reagierte. Dinge dieser Art kamen ständig vor. Oder wichtige Nachrichten und E-Mails wurden erst gar nicht zugestellt.

Einmal rief ich meinen Partner an, und der Name seiner Exfrau, die ihn lange nicht loslassen konnte und zu diesem

Zeitpunkt einen Liebeszauber auf ihn gemacht hatte, erschien auf dem Display seines Handys. Als dann ich am anderen Ende war, dachte er, ich rufe mit dem Handy seiner Exfrau an, was wieder einiges zwischen uns verkomplizierte.

In der gleichen Nacht hatte ich einen Traum von dieser Frau, den ich nicht vergessen werde. Es kommt häufig vor, dass magisch Attackierte von ihren Angreifern träumen. Sie hatte einen Trennungszauber auf uns gemacht, und es sollte mir am nächsten Abend noch sehr schlecht gehen.

Defekte Autos

Dass bei Clearings auch Autos mit einbezogen werden sollten, habe ich bereits erwähnt. Denn es kommt häufig zu Störungen, die auf Kontaminierung durch dunkle Energien zurückzuführen sind.

Mir gingen innerhalb einer kurzen Zeitspanne, in der ich starken schwarzmagischen Attacken ausgesetzt war, drei Autos unvorhergesehen kaputt. Als mein Partner und ich auf dem Weg zu einem für ihn beruflich sehr wichtigen Termin waren, riss plötzlich der Zahnriemen im Motor meines neuwertigen Autos, was einen Totalschaden verursachte. Zu dieser Zeit wurden Blockaden auf die Selbstständigkeit meines Partners gemacht, und er sollte in den Ruin getrieben werden. Ich fuhr damals häufig geschäftlich für ihn, was durch den Totalschaden meines Fahrzeugs erfolgreich sabotiert wurde.

Zum Thema Auto hier noch eine kleine Geschichte: Einen Tag vor der Abreise zu einem geplanten Kurzurlaub mit meinem Partner machte mein Auto ganz plötzlich ein derart schauderhaftes Geräusch, dass ich ohne Umweg sofort in die Werkstatt eines Bekannten fuhr. Aufgrund des Geräusches meinte dieser, dass wahrscheinlich ein Getriebeschaden vorliege. Ich sollte nach seiner Mittagspause noch einmal vorbeikommen. Ich war untröstlich, da ich wusste, was ein Getriebeschaden kosten würde, und weil mir bewusst war, dass unser Kurzurlaub, auf den wir uns so freuten, dann ausfallen würde. Doch schnell wurde mir klar, dass genau dieser Urlaub schwarzmagisch verhindert werden sollte. Ich fuhr heim, machte ein Foto von meinem Auto und clearte es anhand dessen intensiv.

Auf der anschließenden Fahrt in die Werkstatt war das Geräusch zu meinem freudigen Erstaunen verschwunden. Mein Bekannter konnte ohne das Geräusch nichts diagnostizieren und meinte, ich solle wiederkommen, wenn es wieder auftauchen würde, was es sicherlich bald täte. Das Geräusch ist nie mehr wieder aufgetreten. Seitdem räuchere ich auch immer mal wieder mein Auto aus, vor allem vor längeren Fahrten, und beziehe es in regelmäßigen Abständen in Clearings mit ein.

Gesundheitliche und psychische Auswirkungen der Angriffe

Schwarzmagischen Angriffe, die direkt den ungeschützten Körper des Menschen treffen, können schwerwiegende gesundheitliche Folgen verursachen. In der Nacht, als mein Partner seinen Führerschein verlor und ich meinen Bandscheibenvorfall an der Halswirbelsäule bekam, waren wir auf einem Konzert, bei dem auch die Expartnerin meines Freundes war, die die Trennungsrituale auf uns veranlasste. Sie war zu dieser Zeit wieder hinter ihm her und arbeitete erneut daran, ihn zurückzubekommen. Ich wusste zu diesem Zeitpunkt ja noch nichts von der schwarzen Magie. Doch ich werde ihren Blick nicht vergessen, als wir uns alle nach dem Konzert verabschiedeten. Mein Freund ließ mich nicht fahren, obwohl er etwas getrunken hatte. Wir wurden kontrolliert, und er verlor seinen Führerschein. Schon bei der Weiterfahrt, bei der ich jetzt am Steuer saß, bekam ich immer heftigere Rückenschmerzen und erlitt in dieser Nacht noch einen Bandscheibenvorfall.

Diese Frau hat mehrmals, nachdem sie uns zusammen gesehen hatte, entweder sofort Rituale gegen uns gemacht oder veranlasst. Durch ihren Einfluss kam es auch zu folgendem Ereignis:

Eines Abends tauchte sie uneingeladen auf einem Grillfest meines Partners auf. Ich bemerkte, dass sie mit ihm flirten wollte, obwohl sie zu dem Zeitpunkt einen anderen Partner hatte, der sogar dabei war. Als sie sich etwas zum Trinken holte, bot sie an, mir ein Getränk mitzubringen.

Ich erwähne das, weil ich mir später überlegt habe, ob sie mir etwas in dieses Getränk getan hat.

Als alle gegangen waren, geriet ich mit meinem Freund plötzlich in einen heftigen Streit und bemerkte, wie ein böser Geist in mich fuhr. Ich bekam von einer Sekunde zur anderen einen Eifersuchtsanfall, betrank mich und randalierte in der Werkstatt meines Freundes. Zu diesem Zeitpunkt war ich nicht mehr ich selbst. Ich bin überhaupt nicht der Typ, der so etwas macht. Es war absolut grauenvoll. Ich sah am nächsten Tag fürchterlich aus und erinnerte mich nur noch bruchstückhaft an das, was in der Nacht zuvor geschehen war. Erinnerungslücken sind in solchen Fällen üblich und deuten generell auf Fremdenergien hin. Dieser Vorfall lag lange als dunkler Schatten über unserer Beziehung, weil mein Freund mein Verhalten nicht begreifen konnte. Ich selbst konnte auch erst alles später rekonstruieren.

Es ist tatsächlich so: Wenn ein schwarzmagischer Angriff einen Menschen ungeschützt mit voller Wucht trifft, kann dieser ein Verhalten an den Tag legen und Dinge tun oder sagen, die er unter normalen Umständen nie und nimmer machen oder sagen würde.

Ein paar Wochen später sah ich die Expartnerin wieder, und mir fiel ihr hämisches Grinsen auf, was ich aber zu diesem Zeitpunkt noch nicht deuten konnte. Natürlich hatte sich die Angelegenheit herumgesprochen. Sie hatte die Umgebung sowieso schon gegen mich manipuliert, und das kam ihr nur entgegen.

Welche Kreise die schwarzmagischen Tätigkeiten dieser Frau im Laufe der Zeit zogen, ist ihr selbst vielleicht gar nicht bewusst. Die Auswirkungen konnte ich im erweiterten Umfeld der Familie beobachten, wo es häufig nach großen Anschlägen durch Schadensmagie zu Unfällen, schweren Erkrankungen, sogar mit Todesfolge, Besetzungen und anderen schweren Schäden kam.

Diese Expartnerin meines Lebensgefährten, die auch für den Tod meiner Hündin verantwortlich ist, wäre mit meinem Partner wohl nie zusammengekommen, hätte sie nicht von Anfang an auf ihn Liebeszauber gemacht oder machen lassen. Dadurch wurde auch der Zeitpunkt unseres Kennenlernens und noch vieles Weitere verzögert und verhindert.

Der Angriff, der zu meinem Schlaganfall führte, wurde jedoch von einem Magier auf mich ausgeübt. Dieser Magier war böse auf mich, weil ich ihn als Mann abgewiesen hatte. Außerdem fühlte er sich vermutlich durch mich in seinem Ruf geschädigt. Ich kam mit diesem Mann übers Internet in Kontakt, und er bot mir bei einem Problem magische Hilfe an. Aus verschiedenen Gründen lehnte ich jedoch ab. Bei einem Telefongespräch bekundete er sein Interesse an mir als Sexualpartnerin. Ich bekam ein mulmiges Gefühl und brach den Kontakt sofort ab.

Einige Zeit später kam ich in Kontakt mit einem anderen Magier. Bei einem Telefonat mit ihm war ich plötzlich unsicher, ob er eventuell der sexuell anzügliche Magier war, und fragte dies unverblümt. Der Magier war perplex, und zu meinem Erstaunen kannte er den anderen auch noch. Ich weiß nicht mehr, warum ich ihm dummerweise die Geschichte mit der (sexuellen) Anmache erzählte. Er konnte es nicht glauben, denn es ist tabu, einen Hilfesuchenden so zu behandeln. Kurz darauf erwischte mich während eines Johannisfeuers dann der schwarzmagische Angriff direkt am Kopf, was zum Schlaganfall führte.

Als ich wieder mit der hellsichtigen Schamanin Kontakt hatte, sagte sie mir auf den Kopf zu, dass ein »Heiler«, der mir sexuelle Avancen gemacht und »ein Bild meiner Augen« habe, für den Schlaganfall verantwortlich sei. Da fiel mir wie Schuppen von den Augen, dass der Magier ein Foto von mir hatte, das er angeblich für die Analyse meiner Situation brauchte.

Die beiden Magier hatten sich vermutlich über das Telefonat und meine Geschichte ausgetauscht. Aus Wut wollte mir der damals Abgewiesene wohl einen Denkzettel verpassen oder mich ausschalten. Dadurch wurde mir klar, wie vorsichtig man mit diesen Leuten sein sollte.

Von dem Schlaganfall erholte ich mich lange Zeit nicht richtig, weil ich immer noch an die negative Energie angebunden war. Spätestens alle vier Wochen ging es mir wieder sehr schlecht, ich litt unter starkem Schwindel und migräneartigen Beschwerden, sodass ich tagelang abgeschottet im Bett bleiben musste. Damals dachten wir, es läge nur an den Folgen des Schlaganfalls. Heute weiß ich, dass weiterhin Angriffe ausgeführt wurden, die die Symptome der Erkrankung empfindlich verstärkten.

Als ich jedoch ein Jahr später mit meiner ersten heilerischen Ausbildung begann und die erste energetische Reinigung hatte, ging es mir sehr schnell wieder besser. Zwar wusste ich zu diesem Zeitpunkt schon, dass schwarze Magie gegen uns gemacht wurde, aber nicht, dass diese ständig wiederholt wurde.

Auswirkungen auf Haustiere

Dass auch Haustiere häufig von schwarzmagischen Angriffen mit betroffen sind, habe ich schon erwähnt. Als ich noch nicht wusste, dass ich meine Tiere während der Angriffsphasen schützen (lassen) muss, haben sie unmittelbar nach den Attacken oft mit verschiedenen Symptomen reagiert. Man kann sagen, dass Tiere die gleichen Symptome zeigen können wie Menschen.

Meine Katzen und mein Hund reagierten vor allem mit Erbrechen und waren erkennbar angeschlagen, je nach Veranlagung und individueller Konstitution. Eine Katze neigte zu Magen-Darm-Problemen, eine zu Schmerzen im Bewegungsapparat. Bei meinem Kater kam es durch die Kontaminierung mit den dunklen Energien immer wieder zum Ausbruch von Katzenschnupfen, den er sich als Jungtier zugezogen hatte. Meine Hündin hatte vor allem Probleme mit der Hüfte und den Augen. Auf der psychischen Ebene waren vor allem Streitlust und ungewohnte gegenseitige Aggressivität oder auch starke Müdigkeit sowie Verwirrtheit festzustellen.

Tiere werden nach den Angriffen (oder zeitnahen Auflösungen) sehr unruhig und können regelrecht ausflippen. Das kann auch der Fall sein, wenn die Tiere einen energetischen Schutz haben, da sie die negativen Energien und Geister sehen und dadurch anscheinend verunsichert werden. Hier kann ich von sehr guten Erfahrungen mit Räucherungen berichten.

Bei einem schwarzmagischen Angriff wurde eine meiner Katzen, die sehr empfänglich für Fremdenergien ist, mit hineingezogen und hatte einen Unfall, bei dem sie einen schweren Kieferbruch erlitt. Sie wurde erst einen Tag später gefunden und überlebte nach einer Operation wie durch ein Wunder. Bei dieser Katze kamen mehrere Vorfälle dieser Art vor – immer zu Zeiten, in denen auch andere schlimme Dinge passierten, weil Attacken auf uns verübt wurden.

Schutz und Hilfe

Im Laufe der Jahre kam es durch energetische Übertragung auch zu mehreren Todesfällen, mindestens zwei bis drei Suiziden sowie mehreren schweren Unfällen. Doch ich erhielt auch Zeichen und Führung aus der geistigen Welt. Wenn man achtsam ist, kann man viel Hilfe erhalten.

Bei meinem Schlaganfall zum Beispiel hatte ich Glück im Unglück, denn ich bekam kurz vorher Hinweise aus der geistigen Welt, die ich zwar zu dem Zeitpunkt noch nicht so richtig deuten konnte, die mich aber zu einer Person führten, die half, das Schlimmste abzuwenden. Diese spirituelle Frau, die später meine Freundin wurde, legte am Tag des Hirninfarktes einen Schutzkreis für mich. Ich kaufte mir auch just an diesem Tag einen schwarzen Turmalin, den ich bei mir trug. Der Schlaganfall wurde zwar nicht verhindert, aber ich war innerhalb von zwanzig Minuten im richtigen Krankenhaus und wurde richtig behandelt.

Auch während meines ersten Bandscheibenvorfalls wurde ich geführt. Man stellte fest, dass an meiner Halswirbelsäule auf mehreren Stufen eine Stenose besteht, und riet mir zu einer großen Operation, bei der mehrere Bandscheibenprothesen eingesetzt werden sollten. Aufgrund der Angriffe, der Schmerzen und nicht zuletzt der Schmerzmittel war ich nicht richtig bei mir und völlig überfordert.

Ich war im Krankenhaus und hatte bereits alle Papiere unterschrieben, als ein schwerer Notfall eingeliefert wurde. Da der nächste Tag ein Feiertag war, musste man mich wieder entlassen, und ich sollte am übernächsten Tag zur Operation kommen. Als ich daheim war, erkundigte ich mich erst einmal über die Operation und wurde immer unsicherer, ob ich das wirklich wollte. Kurz danach brach ich auf der Straße mit Kreislaufproblemen zusammen. Ein unbekannter Mann half mir und fragte, was mit mir los sei. Ich erzählte ihm die ganze Geschichte mit der Operation und wie unglücklich ich damit sei.

Er war Krankenpfleger, kannte sich auf diesem Gebiet sehr gut aus und riet mir dringend von der riskanten Operation ab. Ich sollte erst alle konventionellen Methoden versuchen, bevor ich so etwas machen ließe. Also sagte ich die Operation am nächsten Tag ab. Es dauerte zwar einige Zeit, bis ich wieder gesund war, aber wer weiß, was unter dem Einfluss der Fremdenergien bei dem Eingriff passiert wäre! Übrigens bin ich bis heute nicht operiert. Für mich ist jedenfalls klar, dass dieser Krankenpfleger zu mir geführt wurde oder ich zu ihm, damit er mich von dem schweren Eingriff abhielt. Die göttlichen Wege sind unergründlich.

Oft wurde mir Hilfe geschickt, etwa als ich mit meinem Partner eine schwierige Phase hatte und begann, an der

Beziehung zu zweifeln. Es war schreckliches nasskaltes Wetter, als ich mit dem Auto unterwegs war, und der Boden des Parkplatzes, den ich angesteuert hatte, war sehr schlammig. Da sah ich etwas im Schlamm schimmern. Ein Ring? Ich dachte, es sei ein Schlüsselring, nicht wert, sich danach zu bücken. Doch ich war mir nicht sicher, ob es sich nicht doch um einen Fingerring handelte. Ich hob den Gegenstand auf und sah: Es war ein schöner Silberring mit der Gravur »Real Love«. Für mich war das sofort ein Zeichen. Real Love, zweifle nicht, ihr gehört zusammen. Wahre Liebe findet immer einen Weg. Wie sinnbildlich: Aus dem Schlamm gezogen! Augenblicklich war ich wieder zuversichtlich. Danke, geistige Welt!

Ich werde mich weiterentwickeln und meinen Glauben an die höheren Ebenen und die geistigen Helfer niemals verlieren. Dies ist mein Geschenk, das ich durch die Mühsal der schweren Jahre erhalten habe.

Hinwendung zum Licht

Kurz nach dem Tod meiner geliebten Hündin zog ich um und wohne jetzt am Wald. Die Natur hier in dieser Gegend ist noch sehr ursprünglich, sehr kräftig und heilsam.

Ich habe in der Zwischenzeit viel dazugelernt: Nach wie vor finden Angriffe statt, aber meine Umgebung und ich sind gut geschützt. Ich meditiere und cleare täglich und weiß, worauf ich achten muss. Ich gehe davon aus, dass das Ganze nur noch eine Frage der Zeit ist, bis es völlig aufhört.

Die beiden Häuser, die die geistige Welt in den letzten Jahren für meinen Partner, meinen jüngsten Sohn und mich ausgesucht hatte und die wir hätten bekommen sollen, was aber leider vereitelt wurde, standen an hoch schwingenden Plätzen: Das eine befand sich direkt an einem Kraftort, das andere bei einer Art Kathedrale, die über die Umgebung eine sehr hohe und starke Energie ausstrahlte. So ein Haus hätte es den dunklen Energien schwerer und uns leichter gemacht. Zwar lässt sich die Energie in einem Haus oder einer Wohnung durch Meditation, Räuchern oder geomantischer Arbeit anheben, aber direkt an einem Kraftort zu leben ist natürlich schon von großem Vorteil.

Doch entscheidend für den Schutz ist die Höhe der Eigenschwingung. Es ist wichtig, an seinen Resonanzfeldern zu arbeiten, sich dem Licht zuzuwenden und die eigene Schwingung zu erhöhen. Auch möchte ich betonen, dass wir alle selbst für uns verantwortlich sind. Wir können uns jederzeit dazu bekennen, den lichtvollen Weg zu wählen, selbst, wenn wir schweren Angriffen ausgesetzt sind. Wenn wir es anfänglich nicht alleine schaffen, haben wir die Möglichkeit, um Hilfe zu fragen oder zu bitten.

Letztendlich geht es um unsere Weiterentwicklung und die Erhöhung des Bewusstseins. Durch das Vertrauen zu uns selbst und zum göttlichen Beistand kommen wir schließlich in das bedingungslose Vertrauen – so wie wir durch Selbstliebe und die Kultivierung der Liebe zu allem, was ist, in die wahre Liebe kommen. Und dann sind wir am Ziel. Dann sind wir im Licht. Dann kann uns nichts mehr wirklich etwas anhaben.

Meine Berufung

Ich habe mich nicht gewundert, als mir vor etwa vier Jahren die Botschaft aus der geistigen Welt übermittelt wurde, dass ich ein Clearing-Medium bin und meine Berufung das Reinigen und Auflösen von Fremdenergien ist. Ich hatte es ohnehin schon vermutet.

Schon lange merkte ich, dass ich immer wieder genau zu den damit zusammenhängenden Themen und Erfahrungen geführt wurde. Ich hatte Eingebungen, und schon seit Jahren flogen mir Auflösungsgebete und -techniken regelrecht zu. Ich habe ausprobiert, Erfolge verbucht und Fehler gemacht, ging vorwärts, um wieder zurückgeworfen zu werden. So wurde ich immer erfahrener und hellfühliger in Bezug auf meine Berufung, das Clearing, sehe den Menschen ihre Anhaftungen an und merke schnell, wenn Fremdenergien im Spiel sind. Es liegt mir sozusagen im Blut, und in guten Zeiten habe ich schon große und schwierige Clearings durchgeführt.

Die Attacken, die auf mich und mein Umfeld ausgeübt wurden, machten es mir zeitweise sehr schwer, mich energetisch weiterzuentwickeln, um meine Berufung endlich leben und ausüben zu können – ja, zeitweise war ich vor allem damit beschäftigt, die immer wieder in den Weg geworfenen Steine beiseitezuräumen sowie mich und meine Umgebung zu clearen oder auch clearen zu lassen. Eine Kollegin meinte, diese ganzen schweren Erfahrungen habe ich vielleicht machen dürfen, um zu lernen.

»Erfahrungen machen dürfen …« – manchmal fällt es mir immer noch schwer, das zu sagen. Manche Dinge, die ich erlebt habe, waren sehr hart. Aber es ist schon etwas Wahres dran. Mein Wissen hätte ich anders wahrscheinlich nicht erlangen können, und da ich selbst von den Angriffen betroffen war, habe ich mehr Einfühlungsvermögen und weitere Einsichten für meine Arbeit erlangt.

Denn schlussendlich sind es außer der Fähigkeit, Energien und Energiefelder wahrzunehmen, auch die Erkenntnisse, die man (nur?) durch Erfahrungen gewinnen kann, die das Bewusstsein über die Zusammenhänge bei Behandlungen erweitern.

Gott und die geistige Welt haben mir immer wieder geholfen, mich vor dem Schlimmsten behütet und mir einen Weg gezeigt. Auch wurden mir wundervolle Möglichkeiten bereitet, meinem Leben einen positiven Schwenk zu geben und Träume wahr werden zu lassen. Oft wurden diese Geschenke dann wieder durch schwarzmagische Angriffe zerstört.

Ich wurde also wieder und wieder aus meiner hohen Schwingung herausgeworfen, weil erfolgreiche schwarzmagische Angriffe auf mich verübt wurden. Deshalb verlief meine spirituelle Entwicklung nicht kontinuierlich, sondern im Zickzack. Dadurch lernte ich jedoch auch den Unterschied der verschiedenen Dimensionen besser kennen, also die verschiedenen Frequenz- oder Schwingungsebenen. Ich durfte sozusagen von Zeit zu Zeit einen Blick ins Paradies, eine hohe Ebene, werfen, um dann wieder vertrieben zu werden. Doch wer einmal hineingeschaut hat, will da wieder hin.

Es gibt heutzutage unzählige Medien und spirituelle Berater, die behaupten, sie könnten jede dunkle Energie auflösen, oft schon innerhalb einer Viertelstunde. Vielleicht mag es hier auch Erfolge geben, aber ich gehe davon aus, dass viele ihre Fähigkeiten, Dunkles aufzulösen, völlig überschätzen. Ich wurde selbst schon etliche Male gecleart, auch von namhaften Personen, deren Arbeit mangelhaft war. Daher weiß ich weiß, dass man seine Möglichkeiten keinesfalls falsch einschätzen darf. Man sollte in jedem einzelnen Fall sorgfältig prüfen, was genau vorliegt, wie vorzugehen ist, wer der bestmögliche Behandler ist und wie viel Zeit einzuplanen ist.

Nach vielen Jahren intensiven Forschens auf diesem schweren Weg bin ich nun in der Lage, anderen Betroffenen hilfreich mit Rat und Tat zur Seite zu stehen bzw. sie an andere kompetente Fachleute weiterzuvermitteln. Denn ich arbeite sehr gewissenhaft und hüte mich vor Fällen, bei denen ich mir nicht ganz sicher bin, diese auch lösen zu können. Es gibt immer jemanden, der so einen Fall erfolgreich behandeln kann – sofern die Heilung geschehen darf und der Betroffene diese Heilung annehmen kann.

Ich bin mir auch bewusst, dass es meist mit dem Auflösen von Besetzungen oder Belegungen nicht getan ist, sondern dass auch das Verhalten der gereinigten Person nach einem Clearing von größter Wichtigkeit ist, damit es nicht erneut zu Anhaftungen kommt.

18. Visualisierungen und Meditationen

Da ich viel mit Visualisierung und Meditation arbeite und diese als sehr effektiv ansehe, möchte ich Ihnen als Abschluss dieses Buches ein paar Anregungen mit auf den Weg geben.

Bei den Visualisierungen arbeite ich mit der Vorstellung von Licht oder Farbe. Ich persönlich stelle mir meist weißes oder goldenes Licht vor, manchmal auch blaues oder rosafarbenes, je nach Intention. Hier findet jeder Übende seine eigenen Vorlieben heraus.

Ich beschreibe nachfolgend mehrere Visualisierungen, die ich für mich entwickelt habe. Natürlich können Sie Ihre eigene Art der Meditation und Visualisierung für sich entdecken.

Denn es geht nicht um starre Vorgehensweisen, sondern um Ihr Gefühl, um Konzentration, Intensität und Hingabe. Lassen Sie sich in die Meditation hineinfallen, geben Sie sich der Meditation oder Visualisierung hin.

Ich beschreibe die Übungen relativ kurz, da sie Ihnen nur einen Impuls, eine Idee vermitteln und Raum für

Eigenes geben sollen. Selbstkreiertes hat meiner Meinung nach eine ganz andere Qualität als Reproduziertes. Wer sich damit aber noch schwertut und gerne ausführlichere Beschreibungen der Visualisierungen (auch von Meditationen oder anderen Übungen) bekommen möchte, kann mit mir in Kontakt treten. Ich schicke das Gewünschte dann gern zu.

Ich selbst meditiere und visualisiere am liebsten in der freien Natur oder auf meinem Balkon. Die Ausführung dieser Übungen ist aber überall möglich. Auch die Körperhaltung ist variabel. Sie müssen zum Beispiel nicht unbedingt den Schneider- oder Lotussitz einnehmen, sondern können sowohl im Liegen, Sitzen als auch im Stehen gut visualisieren und meditieren. Mit der Zeit ergeben sich bestimmte Vorlieben von selbst.

Die Kleidung ist nebensächlich, sie sollte bequem sein und nicht einschneiden. Ich meditiere meist im Sitzen auf einem bequemen Stuhl oder, wenn ich draußen bin, auf einer Decke. Die Hände liegen entspannt auf den Oberschenkeln, und die Füße sind fest, wenn möglich, auf dem Boden aufgestellt. Im Liegen können die Beine auch aufgestellt werden. Ich nehme auch häufig eine Mudra-Handgeste ein, bei der sich die Daumen und Mittelfinger oder Daumen und Zeigefinger berühren. Mudras werden im Yoga eingesetzt und sollen sich auf vieles positiv auswirken. Bei mir fördern sie beim Meditieren die Konzentration.

Als Vorbereitung für die Übungen räuchere ich mit einem guten Harz, welches die Anbindung und die Konzentration fördert, je nach Belieben mit Weihrauch, Copal oder Myrrhe. Außerdem zünde ich eine weiße Kerze an.

Nachdem ich ein paarmal sehr tief und bewusst ein- und ausgeatmet habe und mich sammle und zentriere, werde ich mir meines kompletten Körpers bewusst. Das heißt, ich gehe kurz von Kopf bis Fuß durch meinen Körper, schaue, ob ich irgendwelche Anspannungen habe, und lasse sie los. Dies geschieht durch die Konzentration auf den jeweiligen Bereich oder dadurch, dass ich genau in diese Verspannung atme. Es ist auch möglich, den verspannten Bereich kurz anzuspannen und dann bewusst wieder zu entspannen. Das mache ich, bis ich völlig entspannt bin.

Dann konzentriere ich mich auf meine Fußsohlen und überprüfe die Verbindung zum Boden, das heißt meine Erdung, und visualisiere gegebenenfalls eine kleine Übung zur Erdung. Das mag umfangreich klingen, doch wenn man nach einiger Zeit routiniert ist, dauert der ganze Prozess maximal drei Minuten.

Wichtig bei allen Übungen ist, dass Sie den Atem nicht anhalten, sondern tief weiteratmen, und dass Sie sich nicht verkrampfen, sondern die Energie fließen lassen. Wenn es beim ersten oder zweiten Mal mit dem Vorstellen nicht so klappt, nicht gleich aufgeben, sondern wieder und wieder probieren.

Wenn Sie sich eine Farbe nicht vorstellen können, ist es hilfreich, wenn Sie sich zuerst etwas, was Sie in dieser Farbe kennen, vorstellen: zum Beispiel eine rote Blume oder eine Tomate für Rot, Schnee für Weiß und so weiter. Lassen Sie sich Zeit beim Visualisieren. Begeben Sie sich ganz in die Vorstellung hinein. Versuchen Sie nichts zu erzwingen.

Wenn Sie sich von Gedanken ablenken lassen, können Sie sich zum Beispiel vorstellen, wie Ihre Gedanken zu den Wolken aufsteigen und mit ihnen wegziehen. Oder Sie stecken Ihre Gedanken visuell in Luftballons, lassen diese in den Himmel aufsteigen und davonziehen.

Doch auch hier gilt, nicht gegen die Gedanken anzukämpfen und nichts erzwingen wollen. An manchen Tagen gelingt es nicht so gut, dass man abschalten kann. Dann macht man es eben so gut, wie man kann. Wichtig ist nur, sich dann immer wieder zurückzuholen in die eigene innere Mitte und in die Konzentration.

Erdungsübung

Konzentriere dich auf deine Fußsohlen.
Werde dir der Unterseite deiner Füße völlig bewusst.
Spüre nach, wie sich deine Fußsohlen anfühlen.
Sind sie kalt? Warm? Entspannt? Oder verkrampft?

Variante: Hier kannst du dir zum Beispiel vorstellen, dass du mit deinen Füßen im Sand stehst, ganz stabil und fest. Dann hebst du zuerst einen Fuß an und betrachtest kurz den Fußabdruck im Sand, um den Fuß dann wieder zurückzustellen. Du versinkst ein klein wenig mit dem Fuß im Sand. Das Gleiche machst du mit dem anderen Fuß. Nun wirst du dir deines festen Standes, deiner Verbindung zum Boden, noch bewusster.

Nun stellst du dir vor, wie aus deinen Fußsohlen ganz langsam Wurzeln wachsen, die immer tiefer in den Boden hineinragen. So weit, bis diese Wurzeln den Erdmittelpunkt erreichen und so um den Erdkern herum wachsen, dass sie sich miteinander verbinden. Nun bist du völlig verankert. Du spürst die Kraft und die Stabilität durch deine Verankerung in der Erde.

Variante: Besonders intensiv ist die Übung, wenn du dir vorstellst, dass die Wurzeln, die aus deinen Füßen wachsen, von dunkelroter Farbe sind. Den Erdkern kannst du dir als eine glühende Kugel vorstellen.

Lichtball visualisieren

Diese Übung fördert den Energiefluss und die Harmonisierung. Außerdem eignet sie sich gut dazu, ein Gefühl für die Verbindung zum eigenen inneren Licht zu bekommen.

Stell dir vor, wie ein weißer Lichtstrahl von oben auf dich herabfließt.

Das Licht strömt in deinen Kopf und erfüllt den ganzen Innenraum des Kopfes mit weißem Licht. Es strömt weiter in deinen Hals, in deine Schultern, in deine Oberarme, in deine Unterarme und in deine Hände.

Über die Handflächen und Fingerkuppen fließt es in den Raum zwischen deinen Händen.

Der Raum zwischen deinen Händen füllt sich mit dem weißen Licht. Du spürst ein Kribbeln in den Händen, und die Luft fühlt sich dichter an als zuvor. Vielleicht wird es auch warm.

Indem du die Hände leicht nach innen und außen bewegst, kannst du dies noch besser spüren. Forme nun mit der Energie des weißen Lichtes zwischen deinen Händen eine Kugel in der Größe eines Fußballs.

Fülle den Lichtball nun mit deiner Dankbarkeit, indem du ihn anlächelst und ein paarmal in Gedanken »Danke« zu ihm sagst. Wünsche dir, dass deine Dankbarkeit in den Lichtball fließt und dass dieser damit aufgeladen wird.

Du kannst nun den Lichtball mit deinen Händen zu den Körperstellen führen, die im Moment Unterstützung und Harmonisierung brauchen. Ebenso kannst du die Energie gezielt gedanklich einfärben, zum Beispiel in einer Chakra-Farbe oder je nach deinem Gefühl.

Bedanke dich stets. Die Lichtball-Übung ist eine gute Möglichkeit, um über das Fühlen mit dem eigenen Licht in Berührung zu kommen. Dies stärkt den Kontakt mit der eigenen Seelenebene und aktiviert die Selbstheilungskräfte.

Goldener-Strahl-Dusche

Eine sehr einfache Methode, um dein Energiefeld zu reinigen und zu schützen, ist die Vorstellung beim Duschen, dass das Wasser, das aus dem Duschkopf strömt, von (weiß)goldener Farbe ist. Du stellst dich unter die Dusche und visualisierst, dass goldenes Wasser bzw. Licht auf dich herabströmt und dich reinigt, dich durchströmt und umhüllt. Wenn du magst, kannst du dabei auch eine kleine Affirmation sprechen: »Gottes Licht und Liebe reinigen mein gesamtes Energiefeld von allem Schädlichen. Alles Krankmachende wird von mir fortgespült. Ich bin rein und geschützt.«

Stell dir zum Abschluss vor, dass sich das Wasser wie ein goldener Mantel um dich legt. Übrigens sollte man sich zum Abschluss einer heißen Dusche oder eines Bades immer kühl abduschen. Das ist vorteilhaft für die Aura.

Berg aus Licht

Du kannst dir als Schutzvisualisierung zum Beispiel vorstellen, dass du vor einem Berg aus weißem Licht stehst, der von Erzengel Michael bewacht wird. Du gehst auf diesen Lichtberg langsam zu und durch eine Öffnung oder ein Tor in ihn hinein. Wenn du im Berg bist, verschließt er sich hinter dir, und du bist vollständig vom schützenden weißen Licht umgeben. Zusätzlich kannst du Erzengel Michael um Schutz bitten.

Schutzei und Schutzpyramide

Stell dir ein Oval aus weißgoldenem Licht vor, in das du steigst und mit dem du dich vollständig umhüllst. Oder du steigst in eine Pyramide aus Licht. Diese Pyramide kann auch verspiegelt sein, um etwaige Angriffe besser abzuwehren.

Visualisierung zum Lösen energetischer Bänder

Die Übung kann im Sitzen oder im Liegen ausgeführt werden. Lass dir bei allen Schritten der Übung Zeit, und begib dich ganz in die Vorstellung hinein. Es ist möglich, dass beim Ausführen der Übung intensive Gefühle auftreten. Nimm diese Gefühle an, und atme tief in sie hinein.

Zu Beginn der Übung bittest du Erzengel Michael und Mutter-Vater-Schöpfer-Gott um Schutz und Beistand.

Bitte entspanne dich, und atme tief ein und aus. Stelle dir vor, dass um dich herum am Boden im Durchmesser deiner ausgestreckten Arme ein goldener Kreis ist. Dies ist dein Raum. Fühle dich in ihn hinein, und nehme seine Grenzen bewusst wahr.

Dann erschaffst du vor deinem geistigen Auge einen zweiten gleich großen goldenen Kreis. Dieser Kreis berührt den goldenen Kreis, in dem du sitzt (im Liegen musst du evtl. die Beine anstellen, damit der Kreis ausreicht), sodass eine am Boden liegende goldene Acht entsteht.

In den zweiten Kreis bittest du nun die Person, mit der du die Bänder hast, die du lösen möchtest.

Im Schnittpunkt der goldenen Acht lässt du nun eine blaue Kugel erscheinen. Sie rollt links um dich herum und dann weiter immer wieder die goldene Acht nach.

Visualisiere dieses Bild einige Minuten. Es baut sich ein elektromagnetisches Feld auf, in dem all deine Energien zu dir zurückfließen und all die Energien der anderen Person zu ihr zurückströmen. Bitte vergiss nicht, tief durchzuatmen.

Sag der Person, dass du dich jetzt energetisch von ihr trennen wirst und sie deshalb nicht erschrecken soll. Nun stellst du dir vor, wie du von oben auf die Verbindungen zwischen euren Körpern schaust. Diese können aussehen wie Bänder, Drähte, Seile, Taue, Rohre, Ketten oder anderes und auch in unterschiedlichen Farben erscheinen.

Nun durchtrennst du diese Verbindungen. Bitte stell dir dazu ein geeignetes Werkzeug vor, zum Beispiel eine Schere, eine Zange, eine Säge oder ein Messer, und trenne die Verbindungen in der Mitte durch.

Dann löst du die Verbindungen von deinem Körper ab. Bitte achte darauf, dass alles komplett abgelöst wird und nichts übrig bleibt. Leg alles, was du abgetrennt hast, neben dich in deinen Kreis.

Dann löst du bei der anderen Person in gleicher Weise die Verbindung und legst alles mit zu den anderen abgetrennten Bändern in deinen goldenen Kreis. Bitte achte auch hier wieder darauf, dass alles restlos entfernt wird.

Danach reichst du der Person die Hand und sagst: »Ich vergebe mir, (dein Name). Ich vergebe dir, (Name der Person). Ich nehme alle meine Energie und alles, was zu mir gehört, zurück zu mir und bitte dich, deine Energie und alles, was zu dir gehört, zu dir zurückzunehmen. Ich danke dir für alles, was du für mich getan hast.«

Nun trennst du die goldenen Kreise voneinander – hierzu kannst du Erzengel Michael um Hilfe bitten – und vergräbst die abgetrennten Bänder restlos in der Erde. Dann bittest du Erzengel Raphael, dich und die andere Person mit der nötigen Heilenergie zu versorgen. Zum Abschluss bittest du um einen Farbstrahl, der für dich jetzt passend ist. Erst wenn der Raum um dich völlig ausgefüllt ist mit der Farbe dieses Strahls, kommst du wieder ins Hier und Jetzt zurück.

Diese Visualisierung solltest du an drei aufeinanderfolgenden Tagen ausführen.

Chakra-Meditationen

Nachfolgend findest du zwei Chakra-Meditationen, eine mit den alten Chakra-Farben und eine mit den neuen, sowie eine Chakra-Reinigungsmeditation. Du kannst sie dir zum Meditieren entweder von jemandem vorlesen lassen oder selbst aufnehmen und abspielen. Bitte achte darauf, dass nicht zu schnell gesprochen wird.

Am besten setzt du dich für die Meditationen bequem auf einen Stuhl, ein Meditationskissen oder eine Decke und legst die Hände auf die Oberschenkel, wobei sich, wenn du magst, der Daumen und der Mittelfinger berühren können. Wahlweise kannst du die Meditationen auch im Liegen machen und dich zudecken.

Wie bei allen anderen Übungen ist es von Vorteil, wenn du dir dafür ausreichend Zeit nimmst und für eine angenehme Raumatmosphäre (sofern du nicht im Freien übst) sorgst. Dafür kannst du lüften, vielleicht eine kleine Räucherung machen, Kerzen anzünden oder Blumen aufstellen. Wenn eine Klangschale vorhanden ist, kann man diese an den angegebenen Stellen einsetzen.

Vor der Meditation ist es immer hilfreich, die Erdungsübung auszuführen. Zur Entspannung kannst du auch vor diesen Übungen den ganzen Körper kurz nach Anspannungen durchgehen, sie dir bewusst machen, anspannen und entspannen.

Chakra-Meditation: Farben einatmen

Diese Meditation orientiert sich an den »alten« Chakra-Farben:
- Wurzelchakra: Rot
- Sakralchakra: Orange
- Solarplexus: Gelb
- Herzchakra: Grün, Rosa
- Halschakra: Türkis
- Stirnchakra: Indigo
- Kronenchakra: Violett, Weiß

Schließe deine Augen. Beobachte für eine Weile deinen Atem. Lass deinen Atem einfach fließen.

Dann atme tief ein, ganz tief bis in deinen Bauchraum. Spüre, wie dein Bauch sich mit deinem Atem füllt. Wie dein Bauch sich nach jedem Einatmen nach außen wölbt.

Bei jedem Ausatmen lass alles wieder nach oben und nach außen strömen.

Nun lenke deine Aufmerksamkeit auf das Wurzelchakra zwischen deinen Beinen. Spüre ganz tief in dein Wurzelchakra hinein.

Stell dir vor, wie eine rot glühende, warme Flamme sich angenehm in deinem Wurzelchakra ausbreitet und diesen Bereich erwärmt.

Atme die Farbe Rot tief ein und über die Poren in deine Aura wieder aus.

Spüre deine Lebendigkeit! Spüre dein Vertrauen in den richtigen Lauf der Dinge!

Dein Wurzelchakra ist nun aktiviert. (Hier ggf. Klangschale anspielen)

Lenke nun deine Aufmerksamkeit auf dein Sakralchakra, das eine Handbreit unter deinem Nabel liegt.

Stell dir vor, wie sich orangefarbenes Licht in dir ausbreitet. Wärme und Geborgenheit spendend.

Atme dieses starke orangefarbene Licht tief ein und über die Poren in deine Aura wieder aus.

Dein Sakralchakra ist nun aktiviert. (Hier ggf. Klangschale anspielen)

Nun lenke dein Bewusstsein auf deinen Solarplexus drei Fingerbreit über dem Nabel.

Stell dir vor, du stehst auf einem hohen Berg und am Horizont geht die Sonne auf. Ihr goldgelbes, wärmendes Licht sinkt in deinen Bauchraum.

Atme dieses goldene Licht tief ein und über die Poren in deine Aura wieder aus. Ihre leuchtend gelben Sonnenstrahlen durchdringen dich und füllen dich vollständig aus. Du fühlst dich stark und voller Kraft!

Dein Solarplexuschakra ist nun aktiviert. (Hier ggf. Klangschale anspielen)

Lenke als Nächstes deine Aufmerksamkeit auf dein Herzchakra in der Mitte deiner Brust. Fühle, wie dein Herz schlägt.

Stell dir vor, wie sich grünes Licht darin ausbreitet. Es ist das angenehme Grün der Natur.

Atme dieses grüne Licht tief ein und über die Poren in deine Aura wieder aus. Du fühlst dich im Einklang mit allem. Du bist ruhig und fühlst dich geliebt und angenommen.

Dein Herzchakra ist nun aktiviert. (Hier ggf. Klangschale anspielen)

Nun lenke deine Aufmerksamkeit auf dein Halschakra. Stell dir einen türkisblauen Edelstein vor. Atme dieses Türkisblau tief ein und über die Poren in deine Aura wieder aus.

Lass das Türkisblau in deinem gesamten Halsbereich ausbreiten. Diese Farbe wirkt öffnend und klärend. Dein Halschakra ist nun aktiviert. (Hier ggf. Klangschale anspielen)

Als Nächstes lenke deine Aufmerksamkeit auf dein Stirnchakra zwischen deinen Augenbrauen.

Stell dir vor, du schaust in einen ruhigen, tiefen, dunkelblauen See. Er hat die Farbe Indigo, Dunkelblau. Diese Farbe wirkt öffnend und befreiend. Du kannst alles Alte und Belastende loslassen.

Stell dir vor, du tauchst deine Hände in das blaue Wasser des Sees und berührst dann deine Stirn.

Atme die Farbe Indigo tief ein und über die Poren in deine Aura wieder aus. Nun fühlst du dich gereinigt und erfrischt.

Dein Stirnchakra ist nun aktiviert. (Hier ggf. Klangschale anspielen)

Nun lenke deine Aufmerksamkeit auf dein Kronenchakra in der Mitte deines Schädels.

Ein angenehm violettes Licht umfließt deine Schädeldecke. Atme dieses Licht tief ein und über die Poren in deine Aura wieder aus. Du fühlst dich von diesem violetten Licht vollkommen eingehüllt und geschützt.

Lenke nun deine Aufmerksamkeit über deinen Kopf, und stelle dir ein strahlend weißes Licht vor, das durch deinen Kopf und durch deinen Körper fließt. Es reinigt und harmonisiert dich und verbindet dich mit dem Himmel und der Erde.

Wenn du nun bereit bist, atme ein paarmal tief ein und aus, und bewege deine Hände. Bewege deine Füße, und recke und strecke dich, wenn du möchtest. Öffne langsam die Augen, und komme mit deiner Aufmerksamkeit wieder in den Raum zurück.

Chakra-Meditation mit den Chakra-Farben der neuen Zeit

Die neuen Chakra-Farben sind:
- Wurzelchakra: Blau
- Sakralchakra: Gelb
- Solarplexus: Rot
- Herzchakra: Rosa
- Halschakra: Violett
- Stirnchakra: Türkis
- Kronenchakra: Weiß

Entspanne dich, und nimm drei tiefe Atemzüge.

Konzentriere dich auf dein Wurzelchakra, und stell dir ein wunderschönes klares Blau vor. Ein Blau wie das eines ruhigen tiefen Sees.

Nun stell dir vor, wie sich dieses Blau vor dir ausbreitet und du langsam hindurchschreitest. Du spürst, wie sich mit jedem Atemzug dein Körper mehr und mehr entspannt.

Lenke nun deine Aufmerksamkeit auf deine Nabelgegend. Mit einem tiefen Atemzug siehst du nun in ein wunderschönes tiefes Gelb. Ein Gelb, das dich an die strahlende Sonne erinnert.

Langsam durchschreitest du auch dieses Gelb. Jeder Schritt in dieser Farbe lässt dich Wärme spüren, die dich noch tiefer in die Entspannung führt.

Die Wärme strömt von deinem Scheitelchakra durch deine sieben Hauptchakren und noch weiter bis in deine Füße. Die Wärme breitet sich in deinem ganzen Körper aus.

Während du deine Aufmerksamkeit auf deine Körpermitte lenkst, geht das Gelb in ein kraftvoll leuchtendes Rot über. Und während du das Rot durchwanderst, fallen alle Alltagsbelastungen von dir ab. Du spürst, wie du leichter und leichter wirst. Auch alle zwischenmenschlichen Sorgen lösen sich in diesem roten Licht auf.

Als Nächstes wirst du dir deiner Herzgegend bewusst und wanderst in die Farbe Rosa. Die reine Liebe erfasst dich. Und während du im Rosa voranschreitest, fühlst du, wie du von der unendlichen Liebe Gottes getragen wirst. Alle deine Sorgen verfliegen, und du kommst in ein tiefes Vertrauen. Die Gedanken ziehen vorbei und werden nebensächlich. Du lässt alle Gedanken vom rosa Wind davontragen und spürst eine tiefe Entspannung.

Während du deine Aufmerksamkeit auf deine Halsgegend lenkst, breitet sich vor deinem geistigen Auge langsam die Farbe Violett aus. Dieses Violett verbindet dich tief mit allem, was ist. Dein Bewusstsein dehnt sich aus bis in weite Höhen des Universums. Alles auf der Erde wird unwirklich und unwichtig. Dennoch bist du fest verwurzelt und hast einen klaren Geist.

Der Wechsel zu deinem Dritten Auge und in ein strahlendes Türkis bringt dich weiter in tiefe Ruhe und lässt dich wunderschöne Bilder entdecken. Jedes dieser Bilder führt dich tiefer zu deinem Seelenkern.

Nahezu unmerklich ist der Wechsel zu deinem Kronenchakra und ins weiße Licht. Du hast ein Gefühl der puren Freiheit. Hier ist alles möglich.

Dies ist der Platz für das Licht und die Liebe. Du entschließt dich, mit dem Licht zu verschmelzen. Das Licht und du, ihr werdet eins. Zusammen in der Einheit werdet ihr immer strahlender und größer. Ihr dehnt euch aus, immer mehr bis ins Unendliche. Genieße das Gefühl, das dich erfasst.

Nun schreitest du durch das weiße Licht.

Es begegnet dir das Türkis, das du durchwanderst, bis du im Violett angekommen bist.

Langsam beginnst du deinen Körper zu spüren.

Nun gehst du durch das Rosa und durch die Farbe Rot, bis du beim Gelb angekommen bist.

Nun beginnst du dich wieder zu bewegen. Beim Blau kannst du deinen Namen nennen und bist wieder im Hier und Jetzt angekommen.

Chakra-Reinigungsmeditation

Schließe deine Augen.

Beobachte für eine Weile deinen Atem. Lass deinen Atem einfach fließen.

Dann atme tief ein, ganz tief bis in deinen Bauchraum. Spüre, wie dein Bauch sich mit deinem Atem füllt. Wie dein Bauch sich nach jedem Einatmen von selbst nach außen wölbt.

Bei jedem Ausatmen lass alles wieder nach oben und nach außen strömen. Lass bei jedem Ausatmen los, lass immer mehr los.

Entspanne dich, und geh mit jedem Ausatmen tiefer in die Entspannung.

Nun gehe mit deiner Aufmerksamkeit durch deinen Körper, und lasse weiter alle Anspannungen los.

Atme tief in die Entspannung hinein.

Spüre den Boden unter dir. Spüre, wie er dich trägt. Fühle die Stabilität, die die Erde dir gibt.

Entspanne dich ganz in dieses Gefühl hinein, und atme dabei tief. Fühle die Stabilität und Geborgenheit, die Mutter Erde dir gibt.

Werde dir bewusst, dass das ganze Universum aus Energie und Licht besteht, auch du. Spüre diese Energie.

Fühle, dass du wie ein Gefäß bist, das ganz mit Energie gefüllt ist.

Lass dir Zeit, diese Energie zu erfühlen. Fühle ganz genau hin.

Werde dir bewusst, wo im Körper deine Energie leicht und klar ist. Fühle und atme tief. (Zeit lassen)

Nun werde dir bewusst, wo deine Energie dicht und schwer ist, und atme wieder tief ein.

Lass nun alles Schwere und Dichte nach unten abfließen in die Erde.

Lass nach und nach alles Schwere, Dichte und Dunkle nach unten in die Erde abfließen.

Lass alles Dichte und Schwere nach unten aus dir herausfließen.

Nun stelle dir einen großen hellen Strahl aus kristallweißem, klarem Licht vor, das durch den Scheitelpunkt deines Kopfes in deinen Körper fließt. Lass das Licht so hell wie möglich werden.

Fühle, wie der Lichtstrahl von oben bis unten in deinen gesamten Körper fließt.

Spüre, wie das Licht sich in deinem Körper immer mehr ausdehnt, bis du dich immer lichter, leichter und klarer anfühlst.

Richte deine Aufmerksamkeit noch eine Weile auf das strahlend klare Licht, das deinen gesamten Körper ausfüllt.

Nun richte deine Aufmerksamkeit auf ein beliebiges Chakra, mit dem du arbeiten möchtest. Vielleicht ein Chakra, in welchem du eine Blockade vermutest.

Atme tief in diesen Bereich und spüre hinein. Versuche alle Anspannung, die in diesem Bereich vielleicht noch vorhanden ist, loszulassen. Atme tief hinein und lass los. Lass bei jedem Ausatmen mehr los.

Nun lass aus diesem Chakra lange Wurzeln in die Erde wachsen. Wurzeln, die dich fest mit der Erde verbinden und die dich an die Erdenergie anbinden.

Fühle die Kraft und den Halt, die aus der Verbindung zu dir fließen. Spüre ein tiefes Gefühl der Verwurzelung und Standfestigkeit.

Nun stelle dir vor, wie du in dieses Chakra reines weißes Licht einatmest.

Beim Ausatmen lässt du alle dunkle und schwere Energie in diesem Chakra los.

Mit jedem tiefen Atemzug dehnt sich das Licht in deinem Chakra mehr aus und beginnt immer mehr zu leuchten.

Atme für eine Weile auf diese Weise, und lass alles Negative los, bis du ein Gefühl von Ausdehnung, Klarheit und Leichtigkeit in diesem Chakra spürst.

Wenn du dann bereit bist, atme ein paarmal tief ein und aus, und bewege deine Hände. Bewege deine Füße. Recke und strecke dich, wenn du möchtest. Öffne langsam die Augen, und komme mit deiner Aufmerksamkeit wieder in den Raum zurück.

Ich hoffe, sehr vielen Menschen mit meinen Informationen dienen zu können, und verabschiede mich, indem ich allen Lesern einen gesegneten Weg unter göttlicher Führung wünsche!

Glossar

Akasha-Chronik: Der Begriff Akasha kommt aus dem Sanskrit und bedeutet »Äther«. Der Äther ist das Energiefeld, das alles umhüllt, was existiert. In der Quantenphysik wird das Energiefeld als Nullpunktfeld bezeichnet. Die Akasha-Chronik ist die universelle Bibliothek, in der alles, was jemals geschah, geschieht und geschehen wird, auf energetischer Ebene als Information gespeichert ist. Jeder Mensch hat eine eigene Akasha – ein eigenes Buch des Lebens, in dem alles verzeichnet ist, was er im Laufe seiner Inkarnationen erlebt, seine Erfahrungen, Talente, Ängste, Entscheidungen und vieles mehr. Es gibt Menschen, die können in der Akasha-Chronik lesen, um die Informationen für sich oder andere für therapeutische und wegweisende Zwecke zu verwenden.

Astralwesen: Wesen, die sich in der astralen Ebene, dem Übergang zwischen der feststofflichen Ebene in die feinstofflichen Dimensionen, aufhalten. Hier sind auch viele dunkle Wesenheiten anzutreffen.

Aufgestiegene Meister: Diese waren einst selbst auf der Erde als Menschen mit einem hohen Bewusstsein. Meist waren sie spirituelle Lehrer oder Heiler. Nach ihrer letzten Inkarnation haben sie sich entschieden, von einer höheren Ebene aus den Menschen weiterhin hilfreich zur Seite zu stehen.

Channelling: Ein Medium kommuniziert geistig mit Engeln oder Lichtwesen und kann ihre Botschaften übermitteln. »Channeln« kommt aus dem Englischen und bedeutet wörtlich »Kanal sein« bzw. etwas durch einen Kanal empfangen. Die Mitteilungen der geistigen Wesenheiten und/oder Energien werden transformiert, übersetzt und in eine verständliche Form gebracht.

Clearing: Der Begriff »Clearing« (»Reinigung«) steht für eine Reihe von Methoden, mit denen man verschiedene Formen von energetischen Anhaftungen lösen kann.

Clearing-Medium: Ein Clearing-Medium ist auf Clearing in Zusammenarbeit mit der geistigen Lichtwelt spezialisiert, da es seine Berufung ist.

Dimensionen: Die verschiedenen Dimensionen bezeichnen die verschiedenen Entwicklungsstufen des Bewusstseins samt ihrer jeweiligen »Dichte«. Die Dichte bestimmt die Frequenz der Schwingung. Je höher die Dimension, desto höher das Bewusstsein bzw. leichter und feinstofflicher die Schwingung. Je niedriger die Dimension, desto niedriger und schwerfälliger sind das Bewusstsein und die Frequenz.

Die 1. bis 3. Dimension wird als »feststofflich« bezeichnet. Diese Ebenen sind aufs Materielle beschränkt. Die 3. Dimension ist die Ebene, auf der unser Planet Erde sich sehr lange befand. Mittlerweile soll sich die Erde aber schon in der 5. Dimension befinden, in welcher die Schwingung bereits sehr hoch ist. Zur 3. Dimension gehören wir Menschen, *die den Keim der Selbsterkenntnis und des freien Willens besitzen. Hier gibt* es auch sehr viel Angst und Hass. Die 4. Dimension ist die astrale Ebene, die beim Übergang von der 3. in die 5. Dimension, die Ebene der Freude, Leichtigkeit und Liebe, durchschritten werden muss. Das ist nicht ungefährlich, weil sich vor allem in der unteren Astralebene besonders viele, auch dunkle, Geistwesen aufhalten, die sich anhaften können. Es gibt noch viel höhere Dimensionen. Manche Lichtarbeiter der neuen Zeit behaupten, auf der 11. oder einer noch höheren Ebene zu wirken.

Energetische Verbindungen: feinstoffliche Verbindungen zwischen den Energiezentren der Menschen oder zwischen Mensch und Tier. Diese Verbindungen entstehen durch Kontakt: Je näher und intensiver der Kontakt, desto stärker sind die energetischen Verbindungen. Sie können positiv und bereichernd, aber auch belastend sein. Zu nahen Verwandten, Liebes- oder Seelenpartnern sind die Verbindungen besonders stark. Durch energetische Verbindungen können unter Umständen Gefühle auf die andere Person übertragen werden.

Energetisches System: Das energetische System des Menschen besteht aus den Chakren (Energiezentren), der Aura (elektromagnetische Energiehülle) und den Meridianen (Energiebahnen).

Feinstoffliche Implantate: Angeblich haben Außerirdische Implantate in das energetische System von Personen eingepflanzt, um menschliche Emotionen zu studieren oder um die Betroffenen zu manipulieren. Diese Implantate können wieder entfernt oder deaktiviert werden.

Hohes/höheres Selbst: Das höhere Selbst ist der unsichtbare Kern in uns, der mit den spirituellen Ebenen und der göttlichen Quelle verbunden ist. Es ist das spirituelle Bewusstsein, das physische Begrenzungen transzendiert. Manche nennen es auch den »göttlichen Funken« in uns oder »die eigene Göttlichkeit«. Durch Übungen und Erhöhung unseres Bewusstseins können wir bewusst mit unserem höheren Selbst Kontakt aufnehmen.

Klangschalen: ursprünglich aus Asien stammende Schalen aus Bronze, die mit einem Klöppel angeschlagen oder gerieben werden. Dabei werden je nach Art und Größe der Schale verschieden starke Schwingungen sowie Töne und Obertöne erzeugt, die eine heilsame und reinigende Wirkung auf den Körper haben. In der Klangtherapie werden Klangschalen unter anderem zum Lösen von Blockaden und zur Harmonisierung des energetischen Systems eingesetzt.

Kybalion: Das Kybalion ist ein bei Esoterikern populäres Buch, welches 1908 in Chicago erstveröffentlicht wurde und dessen Autorenschaft nicht geklärt ist. Das Buch selbst verweist auf »drei Eingeweihte« als Urheber und behandelt die sieben hermetischen Prinzipien: das Prinzip der Geistigkeit, der Analogie, der Schwingung, der Polarität, des Rhythmus, der Kausalität sowie des Geschlechts.

Lebensaufgabe: Die Lebensaufgabe ist die Aufgabe, die sich die Seele vor einer Inkarnation vorgenommen hat und die es zu erfüllen gilt.

Lebensplan: Vor ihrer ersten Inkarnation oder zwischen zwei Leben entwirft eine Seele in Abstimmung mit anderen beteiligten Seelen ihren Lebensplan. Es wird entschieden, welche Erfahrungen im kommenden Leben gemacht werden sollen und welche Hauptaufgabe für dieses Leben gelten soll. Es werden auch bestimmte Gegebenheiten für ein Leben festgelegt, so zum Beispiel die Wahl der Eltern, das Geburtsland und Vereinbarungen mit anderen Seelen. Wenn man dann inkarniert, wird dies alles vergessen und ist nur im Unterbewusstsein gespeichert.

Lernaufgabe: Alle Seelen haben die Aufgabe, sich zu entwickeln, belastendes Karma aus früheren Leben zu heilen und bedingungslos lieben zu lernen. Darüber hinaus hat jede Seele ihre individuellen Lernthemen und Herausforderungen zu bewältigen, durch die sie Erfahrungen sammeln und wachsen kann.

Schadensmagie: auch Schadenszauber, ein anderer Begriff für schwarze Magie und magische Praktiken, mit denen jemand Schaden zugefügt werden soll

Stimmenhören: psychologische Bezeichnung für die akustische Wahrnehmung von Stimmen, die jedoch von anderen nicht gehört werden

Ungeheilte Punkte: ungelöste seelische Verletzungen, die meist aus der Kindheit oder aus früheren Leben stammen. Diese Punkte provozieren immer wieder bestimmte Ereignisse im Leben mit dem Ziel, ins Bewusstsein zu rücken und somit die Chance zu erhalten, geheilt zu werden.

Voodoo: Voodoo ist eine ursprünglich westafrikanische Religion. Voodoo kennt nur einen Gott, dieser wird »Bondieu« (»Guter Gott«) genannt. Da Bondieu allerdings so gewaltig ist, dass der Gläubige sich nicht direkt an ihn wenden kann, gibt es als Vermittler göttliche Geistwesen, die Loa. Sie haben die Macht, Dinge zu verändern. Wie in anderen Kulturen und Religionen kommt es vor, dass Priester und Gläubige des Voodoo ihre Kräfte für Schadenszauber einsetzen. Bei Ritualen werden Tiere geopfert. Die Tieropfer dienen einerseits der spirituellen Ernährung der Loa, andererseits der Ernährung der Gläubigen. Es handelt sich demnach um rituelle Schlachtungen. Ein bekannter, aber meist übertrieben dargestellter Brauch ist das Herstellen von Voodoo-Puppen, die oft einem bestimmten Menschen nachgebildet sind. Indem mit Nadeln in die Puppe gestochen wird, sollen dem Betroffenen Schmerzen zugefügt werden. Mit Voodoo kann eine sehr starke Schadensmagie, die auch zum Tod führen kann, bewirkt werden.

*»Das Geheimnis von Veränderung:
Fokussiere all deine Energie nicht auf das Bekämpfen
des Alten, sondern auf das Erschaffen des Neuen!«*

Sokrates

Lumira

Kosmischer Schutz und Heilung von negativen Energien

Jeder Mensch kann Opfer von Energievampirismus und psychischen Angriffen werden. Lumira klärt über diese verborgene Alltagsgefahr auf und stellt die besten Abwehrtechniken vor. Mit zahlreichen magischen Ritualen, um sich und das eigene Heim wirksam zu schützen – und um neue Angriffe von vornherein zu verhindern.

Die CD: Mit vier geführten Meditationen und einer gechannelten Energieübertragung wird ein effektiver Schutz aufgebaut und Heilung auf der energetischen Ebene bewirkt.

978-3-453-70268-4   978-3-7787-7502-8

Leseproben unter **www.heyne.de**

HEYNE ‹